Jack Lang

NELSON MANDELA

uma lição de vida

Tradução
Rubia Prates Goldoni

MUNDO EDITORIAL

Título original
Nelson Mandela - Leçon de vie pour l'avenir

Capa
SGuerra Design

Foto de capa
Hans Gedda / Sygma Corbys / LatinStock

Consultoria e gerência editorial, projeto gráfico e pesquisa iconográfica
Sérgio Molina

Preparação
Telma Baeza Gonçalves Dias

Revisão
Ney Germano

Dados Internacionais de Catalogação na Publicação (CIP)
(Câmara Brasileira do Livro, SP, Brasil)

Lang, Jack
Nelson Mandela: Uma Lição de vida /Jack Lang; tradução Rubia Prates Goldoni. — São Bernardo do Campo, SP: Mundo Editorial, 2007.

Título original: Nelson Mandela : leçon de vie pour l'avenir.
Bibliografia.

1. Ativistas pelos direitos humanos — África do Sul — Biografia 2. Mandela, Nelson, 1918-
3. Movimentos antiapartheid — África do Sul
I. Título.

07-3266 CDD-920.93234

Índices para catálogo sistemático:
1. África do Sul : Ativistas pelos direitos humanos : Biografia 920.93234

Mundo Editorial – Editora Ltda.
Av. Kennedy, 245 – 2º andar cj. 7
CEP 09726-260 – S. B. do Campo – SP
Tel (11) 4125-8767
www.mundoeditorial.com.br

Sumário

Prefácio

Nadine Gordimer

Um personagem de um de meus romances diz que é assombroso viver num país que ainda tem heróis.

Viver no mesmo tempo e lugar que Nelson Rolihlahla Mandela durante o *apartheid* era viver nesse país. Eu e todos os que lutaram ativamente contra aquele regime devastador que infligia terríveis sofrimentos à maioria do povo sul-africano tivemos esse privilégio. Se existe um gênio que se manifesta como qualidade humana, Mandela certamente o possui.

Muito já se escreveu sobre ele, explorando de diversos ângulos esse aspecto particular de seu ser e, sem dúvida, muito ainda se escreverá. Jack Lang, porém, aborda o assunto de uma perspectiva totalmente inédita. Não se trata, em absoluto, de uma hagiografia, mas a obra em seu conjunto é marcada por uma sincera reverência, que a grandeza do personagem exige. Por outro lado, mesmo sem se propor uma finalidade crítica, o livro ilumina as contradições que o homem teve de superar e resolver para atingir seu principal objetivo: combater a opressão de um ser humano pelo outro.

Se a vida é um teatro em que homens e mulheres são atores — e esse é o cenário do estudo de Lang —, um grande homem, no tempo que lhe foi dado viver, deve expandir, transmitir, encarnar a força dos que antes dele representaram o mesmo papel. Lang transforma, assim, Nelson Mandela no protagonista de um maravilhoso drama em cinco atos que passa em revista sua vida, sua época e a luta pela liberdade na África do Sul, desde suas complexas origens até a vitória final. Mandela é identificado com personagens que marcaram a história da filosofia moral, e a ação vai do passado ao presente, desde Ésquilo e Sófocles até Beckett.

No primeiro ato, Mandela é Antígona diante da impiedosa face do Creonte do *apartheid*, que o priva, a ele e a seu povo, de seus direitos humanos. No segundo ato, aparece como chefe de um grupo de rebeldes que luta contra as forças do regime sul-africano, como o célebre gladiador Espártaco lutou contra os romanos. No terceiro ato, como Prometeu, é acorrentado ao rochedo do racismo por roubar dos deuses e dar aos mortais o fogo da resistência proibida contra o senhor do *apartheid*, Zeus. No quarto ato, por fim, Mandela é Próspero, sujeito de sua própria época, benfeitor da humanidade e vitorioso sobre Calibã. Aqui não resisto a fazer um indiscreto aparte, sabendo como Jack Lang aprecia o sabor que um certo grau de equívoco pode trazer a percepções invertidas. Calibã costuma ser considerado, particularmente pelos acadêmicos negros, uma espécie de "herói-vítima" do colonialismo, cujas palavras sintetizam toda a ironia de sua "missão civilizadora": "Vós me ensinastes a falar, e o que ganhei com isso foi aprender a maldizer".* A fala franca e desassombrada de Mandela também teria, então, algo de Calibã?

* Ver MANNONI, Octave. *Prospero et Caliban: psychologie de la colonisation.* Paris: Éditions Universitaires, 1984.

A cada ato, ao se abrirem as cortinas, emerge um relato da vida de Mandela, numa fascinante relação com as heróicas figuras da mitologia. Sua infância como herdeiro da aristocracia africana, tão tribal quanto todas as outras formas de aristocracia; o extraordinário progresso de suas relações com o outro, em todos os aspectos da vida: o guerrilheiro urbano, perseguido em seu próprio país; o militante aventureiro, que aproveita suas escapadas clandestinas para consolidar a ação dos que apóiam o movimento de libertação no exterior; e, finalmente, o prisioneiro irradiando coragem indomável atrás das grades de sua cela em Robben Island.

Uma dramatização que, como toda ficção digna desse nome, nos fala mais de perto do que qualquer relato de fatos cujo único contexto seja o da época em que ocorreram.

Somente a rara união entre um estadista por vocação e um amante e promotor das artes inspirado como Jack Lang poderia ensejar um estudo da grandeza humana tão original, provocativo e instigante.

Nadine Gordimer, 2004

Introdução

30 de maio de 1985. No encerramento do Congresso Mundial dos Direitos Humanos, que o primeiro-ministro Laurent Fabius me incumbiu de organizar, o presidente François Mitterrand — acompanhado pelo bispo Desmond Tutu, por Sean McBride, Dom Helder Câmara e pela viúva de Salvador Allende — inaugura, no Trocadero, a Esplanada dos Direitos Humanos e das Liberdades, onde desde então figura gravada em pedra a profissão de fé de toda democracia: "Os homens nascem e permanecem livres e iguais em direitos". Ao seu redor, o grupo de artistas que participou graciosamente da cerimônia: Sting, Seiji Ozawa e a Orquestra Nacional da França, Caetano Veloso, Julien Clerc, Barbara Hendriks, Michel Portal, Manu di Bango, um coral de Soweto, Elie Wiesel, Breyten Breytenbach e Jacques Higelin.

Por mais emocionados e esperançosos que estivéssemos, não podíamos imaginar que, quatro anos depois, em 1989 — "o ano sem igual" da comemoração do bicentenário da Revolução Francesa —, um poderoso vento de liberdade varreria tantos regimes ditatoriais a Leste, Oeste e Sul do planeta.

A libertação de Nelson Mandela, alguns meses mais tarde, depois de 27 anos de prisão, fechou esse processo com chave de ouro. Para demonstrar sua gratidão e amizade por nosso país e por seu presidente, sempre na linha de frente contra o *apartheid*, Nelson Mandela escolhe Paris como primeira escala de sua viagem de homem livre, em 6 de junho de 1990. A Esplanada dos Direitos Humanos e das Liberdades se impõe obviamente como lugar emblemático da cerimônia de boas-vindas, realizada sob os auspícios de France Libertés e organizada por Christian Dupavillon. Assim como no dia da inauguração, o tempo está péssimo, mas nem o vento nem a chuva conseguem diminuir o entusiasmo da multidão. Como o novo regime da África do Sul ainda estivesse indefinido, Mandela pede ao Ocidente que continue a pressionar os últimos defensores do *apartheid*. Do mar de guarda-chuvas, surge uma imensa faixa com os dizeres: "Ouçam Mandela! Mantenham as sanções!".

Simbolizando o encontro dos povos, que vai muito além do encontro dos estadistas, os dois casais se reúnem no centro da praça. Ao cair da noite, Danielle Mitterrand e Winnie Mandela, irmãs distantes que o repúdio comum da desumanidade aproximou, beijam-se, enquanto seus maridos trocam um caloroso aperto de mão. É a primeira vez que vemos Nelson Mandela, esse desconhecido tão familiar. Sorrindo, ele ergue o punho para saudar a multidão com um gesto de combate e cumplicidade e todos se impressionam com o ar jovial do septuagenário. Sob a regência de Didier Lockwood, cem violinistas vestidos de branco, tendo ao fundo a torre Eiffel iluminada, tocam o hino da rebelião sul-africana. Depois, os Touré Kunda cantam um poema de Mandela. Em seguida, François Mitterrand, que no mês anterior recebera discretamente Frederick de Klerk para convencê-lo a fazer as últimas concessões, toma a palavra:

"O senhor mostrou o poder da força frágil de um homem. Hoje é o prisioneiro que guia seus carcereiros pelos caminhos da liberdade". Mandela agradece a França e seu presidente, insiste em que não se baixe a guarda, pede a manutenção das sanções contra o *apartheid* e conclui: "Como numa maratona, o último quilômetro é o mais difícil".

Vivi tudo isso como um daqueles raros momentos privilegiados em que um homem público sente orgulho de ter dedicado sua vida à política.

Não pretendo aqui contar a vida de Nelson Mandela. Ele próprio já o fez. Anthony Sampson, um jornalista britânico que o conheceu em 1951, dedicou-lhe uma belíssima biografia. Meu amigo Jean Guiloineau também contou sua aventura. Minha intenção é, antes, tirar algumas lições dessa existência extraordinária. Ninguém como ele encarna hoje em tão alto grau os valores fundamentais da coragem, do amor à liberdade, da tolerância, da abertura de espírito. Ninguém os representa de forma tão brilhante depois de defendê-los à custa de tanto sofrimento. Nelson Mandela devolveu à política sua verdadeira nobreza. Por isso, este livro destina-se às novas gerações às quais se insiste em transmitir uma imagem da vida pública quase sempre aviltada ou degradada.

*

Será que tivemos, na França, a dimensão exata do drama sangrento que, na segunda metade do século XX, se desenrolava do outro lado do mundo? Para a imensa maioria de nossos compatriotas era muito difícil imaginar a realidade sul-africana. A situação em Pretória era tão absurda que havia o risco de as pessoas não entenderem o que ocorria. A singularidade do caso sul-africano desafiava qualquer análise: não se tratava de uma ditadura clássica, mas de uma monstruosidade *sui generis*.

Poucos franceses ousavam apoiar abertamente o regime sul-africano, porém muitos "pragmáticos" transigiam com ele, num espírito que Jacques Chirac resumiu na seguinte fórmula: "Condeno categoricamente o *apartheid* [...], mas a questão é extremamente complexa". (*Le Figaro*, 19/12/1985) Essa inegável complexidade servia de pretexto para a inação, quando não para a indiferença.

A esquerda, como De Gaulle voando para "o complicado Oriente", acreditava que a África do Sul devia ser pensada com idéias simples. A primeira delas era que aquele sistema feroz e mesquinho desafiava a humanidade e o bom senso, e que, portanto, precisávamos fazer tudo para acabar com ele. Essa reação instintiva, compartilhada por muitos de nós, era também a de Danielle Mitterrand, que reencontrou na defesa dessa causa a razão para lutar que fizera dela, desde a adolescência, uma resistente. Sua organização France Libertés desempenhou um papel importante na conscientização dos franceses sobre o escândalo sul-africano. Eles deixaram de confiar nos partidários da Realpolitik que não queriam criar embaraços aos dirigentes daquele país. Quando denunciávamos o *apartheid* a esses pragmáticos astutos, eles diziam que, de fato, o regime era condenável, mas que esse era um problema interno da África do Sul, que era preciso evitar toda e qualquer ingerência, em suma, que os negócios eram os negócios e não havia lugar para o sonho.

Mas nós não estávamos sonhando. Mesmo enquanto não se constituía um direito de intervenção da comunidade internacional, em gestação depois da descolonização, havia dois meios simples e eficazes de combater o *apartheid*: a pressão exercida sobre o regime racista pelas sanções econômicas e a ajuda direta às suas vítimas. Os países nórdicos davam o exemplo e Mandela, em suas memórias, prestou-lhes uma merecida homenagem.

Com a eleição de François Mitterrand, a França enfim abandona a atitude cautelosa que mantinha com Pretória e que beirava a complacência. Quando assumi o Ministério da Cultura, me empenhei em mobilizar o meio artístico francês e internacional a favor dos negros sul-africanos. Em 10 de dezembro de 1981, por iniciativa de quinze artistas do mundo inteiro, foi criada a Fondation Culturelle Contre l'Apartheid. Presidida pelo pintor espanhol Antonio Saura, a instituição organizou a exposição *L'art contre l'Apartheid* e, em colaboração com a revista *Aujourd'hui l'Afrique*, publicou o livro *Pour Nelson Mandela*, com o apoio ativo de Jacques Derrida e Dominique Lecoq.

Nelson Mandela estava preso, mas podíamos ajudar, reunir, acolher todos aqueles cuja luta ele simbolizava. O Congresso Nacional Africano mostrou-se sensível à nossa iniciativa e deu-me a honra de me contatar para intensificar a luta contra o *apartheid* na França. Fizemos, na rue Valois, muitas reuniões com sul-africanos, entre eles Nadine Gordimer e Breyten Breytenbach. Este último, cuja oposição ao regime lhe custou sete anos de prisão, apresentou um plano de ação a favor dos negros que foi extremamente útil. Dentro desse espírito, desencorajamos as federações esportivas a se encontrarem com suas congêneres sul-africanas, dobramos o número de bolsas para estudantes negros, inauguramos uma filial da Aliança Francesa em Soweto e apoiamos a criação da primeira universidade negra livre, graças, sobretudo, à atuação de nosso adido cultural, Alain Bocke, e de seu sucessor, Gilbert Errouard.

No Congresso Internacional dos Direitos Humanos, em 1985, a presença de Desmond Tutu, Prêmio Nobel da Paz, evocava o grande ausente. Tanto o presidente da República como o primeiro-ministro ficaram extremamente impressionados com a lucidez e a moderação do bispo. Ele pediu que endurecêssemos ainda mais nossa posição e apoiássemos um boicote a que os meios econômicos se opunham. Para manifestar com veemência seu repúdio ao regime, a França obteve da ONU sanções internacionais e, em julho, retirou seu embaixador em Pretória. O retorno da direita ao poder, em 1986, pôs fim a essa atitude firme que foi substituída por condenações verbais e deplorações estéreis. Jacques Chirac enviou de volta nosso embaixador à África do Sul, declarando que as sanções "serviam apenas para aplacar a consciência dos ricos e privilegiados". Com a espantosa justificativa de que "a França já recebera antes pessoas que não respeitavam os direitos humanos", ele se propunha a receber em Paris seu colega sul-africano, P. W. Botha, visita que o agravamento da situação o obrigou a adiar. Mal-informado, como os conservadores de todo o mundo, sobre a verdadeira correlação de forças no país, Jacques Chirac julgou oportuno prestar uma homenagem ao chefe Buthelezi, cujos partidários zulus se opunham violentamente ao CNA de Nelson Mandela. Para piorar ainda mais as coisas, uma comissão parlamentar formada por deputados de direita voltou da África do Sul declarando que "o *apartheid* não existe".

A França, pátria dos direitos humanos, oferecia um espetáculo deplorável: afagava o monstro sob o pretexto de amansá-lo, enquanto o Canadá retirava seu embaixador em Pretória, a Argentina rompia relações diplomáticas com a África do Sul, a Dinamarca suspendia relações comerciais e os Estados Unidos expulsavam o adido militar sul-africano! Na oposição, dávamos continuidade à ação iniciada em nosso governo: apoio às vítimas do *apartheid*, mobilização de intelectuais e artistas e informação da opinião pública francesa. Em maio de 1986, fui à África do Sul, com Laurent Fabius, manifestar nosso apoio ao CNA. Quando visitamos a *township* de Crossroad, próxima à Cidade do Cabo, o carro em que viajávamos foi apedrejado pelos capangas negros do regime, chamados "os Vigilantes". Na partida, foi a vez dos brancos nos insultarem no aeroporto. A violência grassava no país. No mês seguinte, a 12 de junho, era decretado o estado de emergência.

Era esse o clima na abertura da Conferência sobre as sanções, realizada na sede parisiense da Unesco. Laurent Fabius, Lionel Jospin e eu éramos convidados especiais do Comitê Antiapartheid das Nações Unidas. Tivemos um encontro animado com Oliver Tambo, presidente do CNA, que nos deu notícias de Nelson Mandela, isolado, na época, de seus companheiros na prisão de Pollsmoor, mas tratado com o cuidado que merecia aquele que era visto como o grande "interlocutor válido" na negociação que se avizinhava. Dois dias depois, enquanto François Mitterrand recebia o reverendo Jesse Jackson, eu anunciava, com sua aprovação, na tribuna da Assembléia Nacional, a criação de um Comitê Nacional dos Artistas e Criadores contra o *apartheid*. O autor dessa iniciativa, que rapidamente reuniu um grande número de artistas, foi Harry Belafonte, que se encontrava em Paris para a Conferência contra o *apartheid* organizada pela Unesco. Em resposta, uma eminente personalidade da maioria de direita declarou com fleuma: "A África do Sul? Não tenho nada a ver com isso".

Em 14 de junho, no décimo aniversário do massacre de Soweto, houve uma série de manifestações em Paris, convocadas pelo SOS Racismo, e no dia seguinte na ilha de Goreia, antigo entreposto de escravos, com a presença de Pierre Mauroy e Danielle Mitterrand. Os jovens se mobilizavam contra o *apartheid*, como o grupo de funk Coup d'Eclat, que contava com meu apoio. Em 27 de janeiro de 1987, numa carta aberta, eu pressionava o presidente da CFP-Total, François-Xavier Ortoli, a boicotar o regime racista.

A volta da esquerda ao poder aconteceu num momento em que a situação na África do Sul estava caótica. Mais do que nunca era preciso dar esperança aos oprimidos, mostrando a eles o rosto fraterno da França. No ministério da Educação Nacional e da Cultura, intensifiquei o apoio aos artistas e criadores sul-africanos, patrocinando muitos encontros e espetáculos musicais e teatrais. Na hora da libertação definitiva da África do Sul, Nelson Mandela teve um outro gesto de amizade para com o presidente francês: François Mitterrand foi o primeiro chefe de Estado recebido oficialmente em Pretória. Em Soweto, ele depositou uma coroa de flores no túmulo do primeiro estudante sul-africano vítima do *apartheid*, em 1976. "Vim celebrar com os senhores", disse ele em seu discurso no Parlamento, "a vitória de um povo sobre o medo e a intolerância." O presidente Mandela respondeu, saudando "um dos nossos, na busca da liberdade e do desenvolvimento de nosso povo". Estava plenamente consciente da imensa dificuldade da tarefa que o esperava.

*

Foi através do teatro que, pela primeira vez na minha vida, nos anos 60, ouvi falar de Nelson Mandela. Estudante, depois professor de direito internacional e, desde o início, militante do anticolonialismo e do anti-racismo, eu me opunha ao *apartheid*, mas o homem que liderava a luta ainda não tinha um rosto para mim. No Festival de Nancy, encontrei Jean Guiloineau, diretor do Grupo de Teatro Antigo da Sorbonne, que ia apresentar *Ajax*, de Sófocles. Grande conhecedor da África do Sul, ele traçou para mim o retrato de Mandela, cujas memórias viria a traduzir muitos anos depois. Sua admiração pelo prisioneiro de Robben Island me impressionou muito. Talvez tenha sido a forma como se deu esse primeiro encontro o que me levou a perceber desde o início o gosto que o líder africano manifestou durante toda sua vida pela cultura e pelo teatro. E a colocar minha narrativa sob a invocação da dramaturgia universal, de Sófocles a Corneille e de Shakespeare a Cesaire.

Aparentemente, a paixão pela arte não é uma característica importante de Nelson Mandela. Os analistas a negligenciam, com freqüência, mas eu acho que se trata de uma das chaves de sua personalidade. Quando ele era estudante, representou, numa companhia amadora, o papel de assassino do presidente Lincoln. "Meu papel era pequeno, mas eu era o elemento motor da moral da peça, segundo a qual os homens que assumem grandes riscos devem estar preparados para as pesadas conseqüências daí decorrentes." Ele continuou sendo o elemento motor o resto da vida.

Quando as condições na prisão de Robben Island se tornam menos desumanas, Nelson inicia os companheiros nas obras-primas do repertório universal: "Nossos espetáculos eram o que hoje se poderia chamar de minimalistas, já que não havia palco, nem cenário, nem figurino. Tínhamos apenas o texto. Eu representei um papel inesquecível, o de Creonte, rei de Tebas, na *Antígona* de Sófocles. Eu tinha lido alguns clássicos gregos na prisão e achei que elevavam tremendamente o espírito. Aprendi com eles que o caráter se mede enfrentando situações difíceis e que um herói é alguém que não se deixa abater, mesmo diante das circunstâncias mais difíceis [...]. Antígona se revolta porque existe uma lei superior à do Estado. Desafiava a lei por ela ser injusta". (Mandela, 1995, p. 551)

Ator no grande palco do mundo, Nelson Mandela possui esse dom misterioso que no *métier* se chama de "presença". Em qualquer lugar, Nelson Mandela está sempre à vontade, seja dirigindo-se a uma multidão de camponeses africanos ou entregando a François Pinaar, capitão dos Springbooks, a Copa do Mundo de rúgbi, esporte que por muito tempo foi exclusivo dos brancos.

Quando Mandela tinha 7 anos, foi pela primeira vez a uma pequena escola do Trankei. Como o estudante, futuro "evoluído", tinha que usar calças curtas, a mãe dele cortou uma calça velha de seu pai acima dos joelhos. "Eu devia estar ridículo naquela roupa esquisita, mas me sentia muito orgulhoso." A professora dá nomes "pronunciáveis" a cada um de seus alunos. O pequeno Rolihlahla passa a se chamar Nelson. "Não faço a menor idéia do que motivou sua escolha. Talvez tivesse algo a ver com o almirante, mas isso não passa de um palpite." Não importa: ele já tem um nome artístico.

Em seu primeiro julgamento, querem obrigá-lo a se apresentar com roupa de presidiário, um calção de tecido ordinário e sandálias de pneu. Só os indianos têm direito a usar calça, porque se situam um grau acima dos negros na escala que leva à plena humanidade dos brancos. O acusado exige insistentemente uma calça, pois o herói não poderia vestir a libré do criado. E tem início o grande processo em que ele se arrisca a ir para a forca: "Na segunda-feira de manhã, entrei no tribunal vestindo um *khaross* tradicional xosa de pele de leopardo em vez de terno e gravata. Fiz questão de usar esse traje para sublinhar o simbolismo do africano negro tradicional num tribunal de homens brancos. Naquele dia, eu me senti a própria encarnação do nacionalismo africano, herdeiro do passado, difícil, mas nobre, da África e de seu futuro incerto". (*Ibid.*, p. 389)

Na véspera do dia em que, finalmente, depois de tantos anos de espera, o presidente sul-africano vai recebê-lo e, coisa inédita, discutir e negociar com ele, Mandela também se preocupa com sua aparência: "Achei que ficaria bem ir encontrar o senhor Botha de terno e gravata".

Eu, de minha parte, escolhi retratar Nelson Mandela com o figurino do personagem principal de cada um dos cinco atos da tragédia sul-africana. No primeiro ato, ele é o irmão africano de Antígona, um jovem idealista e apaixonado, submetido às leis da *polis* e que um dia percebe que deverá transgredi-las em nome de imperativos mais altos. No segundo ato, torna-se Espártaco, o escravo que lidera seus companheiros de infortúnio e volta o gládio contra Roma. No terceiro, é Prometeu acorrentado a um rochedo por querer entregar aos homens o fogo libertador. No quarto ato, enquanto seu país mergulha no caos, à beira da guerra civil, ele é o Próspero de *A tempestade*, o príncipe-mago que consegue conjurar os malefícios de Calibã. Por fim, no quinto e último ato, quem ele poderia ser senão o rei Nelson, mito fundador de um país enfim livre e espectador desencantado de um continente africano à beira do abismo, mas que sabe tirar lições da tragédia?

ATO I
Antígona

Antígona simbolizava nossa luta;
a seu modo, ela lutava pela liberdade.
Nelson Mandela

Nelson Mandela não é certamente o mais pobre dos negros da África do Sul. É filho de um chefe thembu de Mzevo, uma minúscula aldeia do Transkei, e de uma de suas quatro esposas, a "da Direita". Recebeu o nome de Rolihlahla que, em língua xosa, significa "aquele que cria problemas", e é difícil não ver nessa escolha um daqueles vaticínios que o coro das tragédias antigas costumava fazer. Ele não entra na linha sucessória do trono thembu, mas seu pai é um personagem importante, "conselheiro de reis e fazedor de reis". Nelson Mandela convive bem com esse status quase principesco: "Muitas vezes me chamam Madiba, meu nome de clã, o que é um sinal de respeito".

No sistema sul-africano dos anos 20, os chefes africanos tinham que prestar contas de sua administração ao magistrado branco do distrito. Um dia, um dos súditos do chefe de Mzevo apresentou uma queixa contra ele, acusando-o de ter deixado fugir um boi. O magistrado ordenou ao chefe thembu que comparecesse diante dele. "Quando meu pai recebeu a intimação, mandou a seguinte resposta: *'Andizi ndisaqula'* (Não vou; estou pronto para lutar)". Naquela época, ninguém desafiava um branco impunemente. O insolente foi destituído de suas funções no mesmo instante, sem que ao menos fosse aberta uma sindicância sobre o caso. “A resposta de meu pai revelou claramente que ele achava que o magistrado não tinha nenhum poder legítimo sobre sua pessoa. Quando se tratava de assuntos tribais, ele não se guiava pelas leis do rei da Inglaterra, mas pelos costumes thembu. O que o movia não era amor-próprio ferido, mas uma questão de princípio.” O zelo de um magistrado branco mudou o destino de toda uma família negra: “Meu pai, que para os padrões da época era um nobre rico, perdeu a fortuna e o título”.

É o fim das grandes ambições: Mandela terá de viver num vilarejo com uma mãe que “reinava sobre três cabanas cheias de crianças”. O herdeiro desapropriado estaria condenado ao analfabetismo, como muitos de seus conterrâneos, se o soberano thembu não quisesse demonstrar sua gratidão, protegendo o filho do “fazedor de reis” que recomendara ao Conselho de Anciãos nomeá-lo regente. Ele o convida à sua corte e lhe dispensa o mesmo tratamento dado a seu filho, que, além de seu patronímico tribal, tem o nome bem britânico de “Justice”. Primeiro encontro com o poder: o pupilo descobre “um homem baixo, atarracado e muito bem vestido. Percebi nele a segurança e a postura de um homem acostumado a exercer a autoridade”. Seu nome, Jongintaba, significa “aquele que olha para a montanha” e sua “presença muito forte atraía todos os olhares”. Muitos anos depois, o fascínio permanece. É bom e bonito ser chefe e portar-se como tal. Por mais democrata que seja, nosso herói sempre estará imbuído dessa evidência.

O regente manda o menino para a escola, porque quer fazer dele um conselheiro real, como seu pai. Este, debilitado por uma doença pulmonar, mas provavelmente também pela perda de seus direitos, volta para morrer no *kraal* do vilarejo de Qunu, onde vivem seu filho e sua esposa. O início da vida se mostra difícil: "Eu me lembro não de ter sentido uma grande tristeza, mas de uma sensação de abandono". Em janeiro de 1934, depois da cerimônia de circuncisão que marca a entrada de Nelson no mundo adulto, o regente lhe diz: "Você não nasceu para passar a vida nas minas de ouro dos brancos, sem saber escrever o próprio nome". Mandela foi para o internato do colégio de Clarkebury que era, então, a melhor escola para africanos do Transkei.

Em seu relato desse período escolar, que lembra Dickens ou Trollope, encontramos uma sala de aula sombria, o retrato do rei George V na parede, um diretor sentencioso que cita a Bíblia e professores de pincenê. Há, entre eles, alguns negros, devidamente diplomados, mas todos sabem que um bacharel branco tem preferência sobre um licenciado de cor. O colégio é o orgulho do reino thembu e o jovem está certo de que receberá tratamento especial por ser "descendente do ilustre Ngubengcuka". Logo se dá conta de que terá de fazer seu caminho, como ele mesmo diz, "com base na [sua] capacidade, não na [sua] herança". Do pai proscrito herdou um traço essencial de caráter e, mais tarde, de comportamento: "Estou convencido de que é a educação, mais do que a natureza, o que molda a personalidade, mas meu pai era orgulhoso e rebelde, e tinha um senso obstinado de justiça que percebo em mim".

Aluno aplicado, mas não brilhante, o pequeno camponês que os dois anos passados em Clarkebury mal puderam refinar, é matriculado no ginásio. Profundamente ligado à sua terra natal, ao "amor pelo *veld* [...] por sua beleza simples", conhece as fábulas e lendas xosa, mas seu modelo cultural é outro. Os poucos brancos que conheceu na infância lhe pareciam "grandes como deuses. Eu sabia que deviam ser tratados com um misto de medo e de respeito". (Sampson, 2003, p. 18) Nada mais natural, portanto, que ele quisesse imitá-los: "Nosso modelo era o inglês instruído. Aprendíamos a nos tornar ingleses negros. Eles nos diziam, e nós acreditávamos, que as melhores idéias eram inglesas, que o melhor governo era o inglês e que os melhores homens eram ingleses". (*Ibid.*, p. 48)

Por fim, ingressa na "universidade" de Fort Hare — uma espécie de preparatório para o ciclo superior. A exemplo das instituições que ele freqüentou no primário e no ginásio, trata-se de uma escola missionária onde os alunos aprendem a "obedecer a Deus, respeitar as autoridades políticas e a ser gratos à Igreja e ao governo pela oportunidade de estudar". Em Fort Hare, com outros 150 estudantes, Mandela toma contato com "um nível de sofisticação intelectual e social que [lhe] era novo e estranho". Pela primeira vez, usa pijama, sabonete e aprende que dentifrício pode ser tão eficaz na higiene dos dentes quanto a cinza da lareira de casa. No entanto, não deixa de sentir falta dos "prazeres simples" de sua infância rural. Encaixa-se com facilidade e até com prazer nos moldes do africano "evoluído" concebido pelos brancos. Na longínqua Europa, a guerra mundial recrudesce e Nelson é um "ardoroso partidário da Grã-Bretanha". As pessoas se reúnem à noite ao redor de um rádio para ouvir os discursos de Churchill na BBC. Quando um garoto da sua idade observa que os ingleses oprimiram os africanos pretendendo civilizá-los, ele julga a opinião "perigosamente radical".

Na verdade, Mandela não podia avaliar a opressão branca porque não sentira seu peso. A raridade de seus contatos com a etnia dominante o preservaram dessa experiência. Nessa época, o *apartheid* ainda não se institucionalizara e o comportamento se pautava, antes, pela boa consciência colonial, impregnada de superioridade étnica: se os "cafres" souberem o seu lugar, serão tratados com benevolência. No entanto, desde o início, Nelson é imune ao complexo de inferioridade que o colonizador sabe tão bem incutir no colonizado: tem orgulho de seu povo, da sua história e da cor da sua pele. Antecipando certo *slogan*, sabe que *black is beautiful*, mas ainda não pensa na emancipação. Está pronto a se colocar a serviço do seu país como ele é. Além do inglês, cujo perfeito domínio é a chave de tudo, ele estuda administração indígena, direito holandês — predominante na legislação sul-africana —, e é um dos primeiros a se inscrever no curso dado por um intérprete do tribunal aposentado. Na época, não havia nada que um africano ambicionasse mais do que uma carreira de funcionário da justiça.

Em seu segundo ano em Fort Hare, durante umas férias de inverno passadas com seu colega Paul Mahabane, em Umtata, a pequena capital do Transkei, um incidente desperta o estudante para a realidade de sua condição de "cafre": "Estávamos em frente ao Correio quando o magistrado local, um branco de cerca de 60 anos, se aproximou e pediu a Paul para ir comprar selos. Era normal um branco mandar um negro fazer um trabalho. O magistrado quis dar uns trocados a Paul, mas ele não aceitou". O branco, ofendido, ficou furioso. Nelson, por seu lado, se sentiu muito incomodado e, com sua habitual franqueza, não hesitou em admitir mais tarde: "Se eu fosse o Paul, teria ido comprar os selos e daria o caso por encerrado". (Sampson, 2003, p. 66)

Mandela não estava preocupado em contestar a ordem estabelecida, mas em se integrar a ela da melhor forma possível. É com esse propósito que trabalha duro, certo de que o diploma será um "passaporte para o sucesso financeiro". No entanto, ele diz que com o incidente dos selos começou a se dar conta de que um negro "não devia aceitar as muitas afrontas mesquinhas que lhe eram infligidas todos os dias". (*Ibid., loc. cit.*)

A julgar pelas lembranças do bispo Desmond Tutu, esses pequenos mas dolorosos vexames repetiam-se quase que automaticamente: "Quando eu entrava numa loja com meu pai, a garota atrás do balcão, só porque era branca, se achava no direito de dizer àquele homem digno e bem educado, que dirigia uma escola: '*Ya, boy?*'. Eu ficava mortificado vendo meu pai mostrar-se gentil e afável com ela. Esse tipo de tratamento nos minava o ânimo". (Tutu, p. 98) O judeu Sigmund Freud passou pela mesma dolorosa experiência, quando viu seu pai recolher docilmente o chapéu que um passante anti-semita derrubou de propósito. É talvez na insidiosa ação que exerce sobre suas vítimas que o racismo é mais odioso. Porque elas se tornam cúmplices, apesar de si mesmas e inconscientemente, do desprezo de que são objeto. Desmond Tutu conta que um dia, ao enfrentar uma forte turbulência numa viagem de avião, ele se pegou pensando: "É mesmo preocupante não haver um branco na cabine do piloto!". (*Ibid.*, p. 249)

Em Fort Hare, um conflito menor obrigará Nelson a, pela primeira vez, abandonar sua atitude respeitosa frente às instituições. Eleito para o conselho de representantes dos alunos, propõe um boicote se uma de suas reivindicações não for atendida. Os outros cinco membros o apóiam, mas, pressionados pela direção, acabam recuando. Desautorizado, Mandela se demite. O diretor, dr. Kerr, que "gozava de muito respeito", numa demonstração de simpatia, pede-lhe que reconsidere sua atitude de insubordinação, do contrário será expulso de Fort Hare. Não sem angústia, ele se nega a voltar atrás. "Estaria eu prejudicando minha carreira acadêmica em nome de um princípio moral abstrato sem importância?"

Pela primeira vez, entra a música que, numa ópera, seria o "tema de Antígona". Como a heroína de Sófocles, Mandela descobre que há "princípios abstratos" pelos quais vale a pena sofrer. O dr. Kerr, magnânimo, pede que ele pense no assunto nas férias de verão. Atormentado por uma indecisão angustiante, vai para a casa de seu parente e protetor, o regente. Quando expõe ao dignitário tribal o dilema que o perturba, ele fica furioso: "Sem nem sequer ouvir minha explicação, disse, taxativo, que eu devia seguir os conselhos do diretor e voltar a Fort Hare no outono". Depois, o regente decide que já está mais do que na hora de casar o jovem protegido rebelde e escolhe uma esposa para ele, sem consultá-lo. Com seu muito britânico senso de *understatement*, do qual nunca deixará de dar provas, o noivo observa contrariado: "Eu estaria mentindo se dissesse que a garota que o regente escolheu para mim era a noiva dos meus sonhos". Àquela altura, parecia-lhe mais importante — e provavelmente mais fácil — libertar-se dos costumes tribais do que rebelar-se contra a dominação política dos brancos.

O jovem resolve fugir e se refugiar em Johannesburgo. Não vai sozinho: Justice também quer se livrar da pesada tutela paterna. Depois de pitorescos contratempos, os dois amigos chegam aos subúrbios da cidade grande, ao anoitecer, e Nelson lembra de seu deslumbramento ao descobrir a luz elétrica. Nesse ano de 1941, o fugitivo sabe que não voltará a ver a tranqüila instituição de Fort Hare, nem o palácio do regente que faz as vezes de seu pai e cujas expectativas ele frustrou. Cortou as amarras, mas sente um grande alívio, como se soubesse que não estava destinado a uma vida preestabelecida. "As possibilidades que eu via diante de mim pareciam infinitas."

As pressões e limitações da realidade, em compensação, são terríveis: sem emprego nem diploma, precisa arranjar um lugar para morar e ter o que comer. Nelson trabalha de vigia noturno nas minas de ouro, aparentemente encantado por usar macacão, botas e receber um salário: "Começava a achar que a sorte me sorria e que, se não tivesse perdido um tempo precioso estudando, já estaria rico". Confissão irônica num homem que sempre sorrirá de sua própria ingenuidade juvenil. Mas esse é seu primeiro e último salário: no escritório, dominado pelos brancos, descobrem que o jovem "cafre" é um fugitivo que rompeu com a chefia tradicional. Ele é imediatamente expulso da mina. E se vê, como Chateaubriand, "entrando na vida pelos desertos", sem dinheiro, nem profissão, mas não sem coragem.

Acompanha seu ideal de justiça um gosto acentuado pela matéria jurídica. Logo perceberá que não há correspondência entre as duas noções e que existem leis injustas. "Quando eu era estudante, aprendi que a lei era soberana e igual para todos. Eu acreditava sinceramente nisso e imaginava uma vida fundada nesse postulado." Porque ele sempre quis ser um *lawyer*, um homem da lei e do direito. Esse grande leitor, que abrirá seu primeiro romance aos 50 anos, passou a vida inteira mergulhado com deleite nos tratados de jurisprudência. A primeira carta que escreve na prisão é para pedir autorização à autoridade penitenciária para encomendar um tratado de responsabilidade civil. Nelson Mandela tem um respeito natural pelos homens da lei. Mesmo depois de passar da barra ao banco dos réus, continua observando os funcionários da justiça que tem diante de si e julgando seu procedimento de um ponto de vista profissional, com uma espécie de objetividade esportiva, atribuindo-lhes notas boas e ruins. "O juiz era justo e sensato", diz ele, no banco dos réus, em 1952. (Mandela, 1995, p. 172)

Durante o julgamento de Rivonia, em que arriscou o pescoço, ele redige alguns trabalhos para um exame por correspondência da Universidade de Londres, a fim de "se adiantar" em seu bacharelado de direito. "Os guardas, sem dúvida, achavam aquilo estranho e diziam que para onde eu ia não precisava de diploma de advogado. Mas continuei a estudar ao longo de todo o julgamento e queria prestar o exame. Eu não pensava em outra coisa." (*Ibid.*, p. 415) Ou seja, se era para ser enforcado, que fosse de toga! Enquanto esteve preso, dizia com orgulho que poderia pregar uma placa de advogado na porta da sua cela tantas foram as consultas dadas a seus companheiros. Mas então ele se deu conta do que já suspeitava antes mesmo de passar pela experiência: ser advogado na África do Sul "significa trabalhar num sistema judiciário pervertido, com um código penal cujo princípio não é a igualdade, mas seu oposto". (*Ibid.*, p. 185) Não se orgulhará menos de seu desempenho jurídico: "Como advogado", escreverá, "eu podia ser bem brilhante no tribunal." (*Ibid.*, p. 187)

Por que essa vocação é tão imperiosa? Talvez a injustiça que destruiu a vida do pai tenha norteado a do filho. O drama familiar ensinou-lhe, de modo cruel, que o respeito à lei pode proteger e o desprezo a ela mata. A lei, ritual magnificado da coexistência pacífica, permite exorcizar a violência sempre latente numa sociedade multiétnica. Tem para o corpo social a mesma função que a prática do boxe tem para o amador talentoso que é Nelson: canalizar pulsões. Porque por temperamento, Nelson não é uma pessoa tranqüila e seus companheiros o descrevem como colérico e brigão. O que, se acreditarmos em Platão, não é incompatível com um grande destino político: "Sendo assim, filósofo, irascível, ágil e forte será aquele que destinamos a tornar-se um bom guardião da cidade", escreveu ele em *A República*.

Com os estudos interrompidos e sem dinheiro, a carreira do jurista corre grande perigo, quando a sorte lhe sorri. Por recomendação de um parente, bate à porta do dono de uma imobiliária. Walter Sisulu terá um importante papel na história da África do Sul e será seu mestre e mentor para o resto da vida. Embora omita alguns detalhes, Mandela lhe explica que está em Johannesburgo para se matricular na Universidade da África do Sul (Unisa), instituição prestigiosa que oferece cursos por correspondência. Um pouco mais velho que Nelson, Walter Sisulu tem 28 anos, a pele muito clara, ar enérgico e também é do Transkei, mas não de família nobre: esse marginal no país do *apartheid* é filho de um magistrado branco, Victor Dickinson, que se apaixonou por uma africana mas que, sem coragem de assumir completamente a relação, abandonou a companheira, alguns anos depois, com dois filhos mestiços para criar. Educado pela mãe e por um tio no temor a Deus e no respeito aos brancos, Walter Sisulu abandonou a escola aos 16 anos, trabalhou como pastor, mineiro, bancário, até abrir uma imobiliária com alguns amigos.

Em seu primeiro encontro, Nelson se impressiona com o fato de Sisulu falar inglês sem nenhum sotaque africano. Sai da entrevista certo de ter conhecido um homem muito instruído, e ficará surpreso ao saber que não é assim. Achava impossível alguém vencer na vida sem diploma. Reconhece de imediato a superioridade intelectual do homem que para ele nunca será um rival, mas um "fazedor de reis sem ser rei, e um treinador sem ser campeão de boxe". (Mandela, 1995, p. 104) Não se cansa de elogiar o companheiro: "Forte e sensato, prático e dedicado, nunca perdia a calma nos momentos de crise e se calava quando os outros gritavam". Impulsivo por temperamento, Nelson almeja conquistar essa serenidade, mas nunca o conseguirá por completo. A dupla formada pelo homem de ação e pelo sábio só será desfeita quando, depois de o primeiro alcançar a sabedoria, o segundo partir deste mundo, deixando inconsolável o amigo e discípulo.

No decorrer da conversa, Nelson confessa a Sisulu que sonha ser advogado. Ora, a imobiliária trabalha regularmente com o Witkin, Sidelsky e Eidelman, um importante escritório de advocacia da cidade ao qual encaminha sua clientela negra. Sisulu recomenda o visitante a seu amigo Lazar Sidelsky, que "se interessa particularmente pela formação dos negros". O candidato, cheio de esperança, corre ao endereço indicado. É recebido por uma jovem secretária branca que lhe diz sorrindo: "Aqui não temos preconceito de cor". No dia seguinte, num gesto de tocante delicadeza, ela lhe dá uma xícara de presente. Assim, não se corre o risco de ele usar a reservada aos brancos. Sempre as farpas. "Daquele dia em diante, na hora do chá, eu ia até a minúscula cozinha do escritório e lá tomava meu chá sozinho." Isso não o impede de valorizar a atitude de Sidelsky, "primeiro branco a me tratar como ser humano". Ele observa que o escritório é dirigido por três judeus: "Sempre achei os judeus mais abertos que os outros brancos quanto a questões raciais e políticas, talvez por eles sempre terem sido vítimas de preconceito".

Como não pode ser estagiário titular por não ter diploma, Nelson, moço de recados e pau para toda obra, redige os contratos destinados aos negros. Trata-se, sobretudo, de pedidos de empréstimo e de hipotecas sobre vendas de imóveis e, nessas transações, o escritório, liberal apenas na política, fica com a parte do leão, deixando aos africanos somente as migalhas. Sem recursos, Nelson tem a sorte de alugar um quarto, a um preço irrisório, na *township* de Alexandra, na casa de uma "espécie de filantropo" que o convida para almoçar todo domingo, garantindo sua única refeição quente da semana. Recebe um salário simbólico — duas libras por mês — que o escritório lhe dá de favor, pois normalmente são os estagiários que pagam para trabalhar. Sem dinheiro para comprar um lampião, lê seus livros de direito à luz de velas. Ganha um terno velho de Sidelsky, que usará durante cinco anos. "Eu não era nenhum dom-juan e, com as garotas, era desajeitado e tímido", escreve, provavelmente brincando, já que muitas testemunhas femininas garantem o contrário.

Nelson sofre por ter deixado seu pai adotivo e benfeitor. Um dia, o regente vai a Johannesburgo, cidade para onde se dirigem regularmente os reis e chefes tribais do país inteiro. Pede para ver o fugitivo, que fica feliz por se reconciliar com o ancião. Este, discreto, não fala da fuga, nem de sua recusa do casamento arranjado. Morre no inverno de 1942. A primeira vez que Nelson volta ao Transkei é para assistir ao funeral do homem por quem tem o maior carinho e gratidão. "Eu me perguntava", observa ele, "se minha fuga não teria apressado sua morte." (Mandela, 1995, p. 107)

Justice, o filho do falecido, pondo fim ao longo período de desobediência, o acompanha e aceita suceder o pai. Nelson volta a Johannesburgo: não há mais lugar para ele na ordem tradicional.

"Quem, por orgulho e arrogância, queira violar a lei e sobrepor-se aos que governam, nunca merecerá meus encômios", declara em *Antígona* o rei Creonte, encarnação perfeita do governante de todos os tempos e de todos países. Para um aspirante "não-branco" a uma carreira jurídica na África do Sul, fazer política significa desafiar o poder e comprometer suas chances de sucesso. Foi o que Sidelsky disse a Nelson, quando o admitiu em seu escritório: "Se o senhor se envolver com política, vai prejudicar sua atividade profissional. Terá problemas com as autoridades. Perderá seus clientes". E um corretor de imóveis branco, Henri Muller, que trabalha para o escritório, é mais direto ainda: "Veja bem, meu jovem, a felicidade está na riqueza. É por isso que você deve lutar: pelo dinheiro, e nada mais que o dinheiro". (*Ibid.*, p. 109) Dois caminhos se abrem à sua frente: um deles o leva à alta sociedade, desde que se submeta ao poder estabelecido, o outro, arriscado, é o da resistência.

Enquanto espera, o empregado subalterno que quer estudar deve engolir sua dose diária de humilhação. Nessa época, um indiano que trabalha num escritório branco é obrigado a almoçar no banheiro porque está proibido de entrar no refeitório. (Tutu, p. 219) Se Nelson senta ao lado de um colega branco na biblioteca da universidade, ele imediatamente se levanta e muda de lugar. Se sai com colegas brancos, liberais ou "vermelhos", o grupo é impedido de entrar no bar por sua causa: nada de "revolucionários". Um amigo, Julius Wolfsohn, protesta. Nelson o puxa pelo braço e diz: "Deixa pra lá, meu velho!". Faz amizade com um grupo de estudantes indianos e um dia, por descuido, sobe com eles no bonde cujo acesso é proibido aos africanos. O motorneiro exige que os indianos mandem seu "amigo cafre" descer e, como eles se recusam a obedecer, chama a polícia. É feito o registro da ocorrência e os envolvidos são intimados a comparecer no tribunal, no dia seguinte: "Vi com meus próprios olhos que a justiça não era cega", diz Nelson. De tanto se repetirem, essas agressões nada inofensivas acabam tornando-se insuportáveis. "'Como *você* se chama?', pergunta-me um policial branco, 'Mandela', respondo. 'Eu quero saber o nome, não o sobrenome.' Eu lhe digo o que me pede, e ele continua, 'muito bem, Nelson...', como se estivesse falando com uma criança." (Mandela, 1995, p. 156)

É um povo inteiro que os brancos infantilizam. As reações a essa constante provocação vão da subserviência à revolta, passando por todas as nuanças da resignação, da contestação cautelosa, da raiva impotente e silenciosa. Nos anos 50, o mundo tomou conhecimento da situação dos negros através de *Cry the Beloved Country* [Chora, terra amada], um *best-seller* do liberal branco Alan Paton. Numa passagem do romance lê-se que: "Na massa africana privada de todos os direitos, o clima é mais de submissão que de revolta. O pastor Stephen Koumalo troca sua pequena aldeia por Johannesburgo, o 'reino dos brancos', e depara com uma terrível miséria material e moral. A religião é o ópio que anestesia a dor de um povo massacrado. Comenta-se sobre um pregador de sucesso, que o governo tem sorte porque o religioso fala ao coração das pessoas dirigindo-as para o céu em vez de fazê-las marchar sobre Pretória... A pergunta a ser feita é: que loucura é essa que se apodera de um homem, que se apodera de tantos homens de seu povo, e torna os famintos pacientes, os sofredores resignados e os moribundos serenos?". (Paton, p. 148)

No entanto, por trás dessa submissão muitas vezes se oculta uma revolta secreta. Policiais negros, quando podem, fazem vista grossa à rebeldia. Os raros exaltados que se recusam a aceitar minimamente as leis da cidade estão condenados a encher as prisões. Ainda sem fazer jus a seu nome africano, "aquele que cria problemas" se adapta como pode à ordem vigente, assim como o fazem muitos membros da hierarquia indígena ou da burguesia negra. Embora sempre tenha tido uma consciência muito clara de seu papel histórico e de seu valor, nunca se gabou de ter queimado etapas. O homem que levará a bom termo os trabalhos de Hércules de seu século se nega a fazer crer que estrangulava serpentes já no berço.

Em 1943, Mandela ingressa na vetusta universidade Witwatersrand. Na época, havia universidades brancas e "não-brancas". Existe uma universidade para estudantes "de cor" na cidade do Cabo, uma para indianos em Durban e uma para cada grupo étnico africano. A "Wits" é multirracial e abre para Nelson um "novo mundo de idéias, de convicções políticas e de debates". (Mandela, 1995, p. 114) Ele concluirá o curso em 1949. Muitos estudantes brancos foram lutar na guerra européia e voltaram com ódio do racismo cujas conseqüências puderam ver nos campos que liberaram. Logo que chega à universidade, Mandela se liga a um deles, Joe Slovo, futuro secretário geral do PC sul-africano, e se aplica em conseguir seu diploma de advogado. Um dia, o professor Hahlo, que acredita que os negros e as mulheres não têm espírito jurídico, devolve seu exercício, dizendo: "O senhor chama isso de dever?". Em vão, o aluno argumenta que chega tarde em casa, faminto e exausto. Omite, no entanto, uma explicação que deixaria o professor intolerante furioso: seu envolvimento com a política.

Em 1944, na casa de Walter Sisulu, onde passa a maior parte de seu tempo livre, Nelson conhece uma jovem prima do amigo, Evelyn Mase, que veio do Transkei a Johannesburgo para estudar enfermagem, a profissão mais prestigiosa a que uma negra pode aspirar. Evelyn tem todas as qualidades com que as sogras sonham: é dedicada, trabalhadora e boa dona de casa, mas tem ojeriza à política, o que, com o passar dos anos, mostrará ser um defeito imperdoável. Além disso, ao contrário do marido, é muito religiosa. Mas seu ideal de felicidade e de vida familiar tranqüila é perfeito para Mandela. O sucesso da vida privada sempre teve para ele uma importância considerável e seu único arrependimento é ter sido obrigado a sacrificá-la à ação política: "Eu gostava muito da vida familiar, mesmo tendo pouco tempo para dedicar a ela". Evelyn lhe deu um filho, Thembi, e o casal viveu dias felizes numa casinha em Orlando.

Mandela se casou com uma conterrânea, a única língua que fala bem é o xosa e conhece pouco os outros componentes do povo negro. Este engloba nove etnias principais, mais ou menos amalgamadas ao longo do tempo e, sobretudo, pela segregação racial, embora esta também jogue com as divisões entre os negros para manter a estabilidade nacional. Até 1994, somente o inglês e o africâner têm status de língua oficial, mas existem muitas outras, e a mais falada entre elas é o zulu. O futuro presidente da nação arco-íris só conhece de fato seus compatriotas, os thembus do Transkei. "Quando eu era criança", escreve ele, "nunca suspeitei das violentas rivalidades tribais que, mais tarde, os dirigentes brancos da África do Sul fomentariam, nem as testemunhei." Um dia, em 1942, um incidente lhe ensina uma amarga lição. Em um dos encontros de reis e chefes que ocorrem com freqüência em Johannesburgo, é apresentado à rainha da Basutolândia que, impressionada com o belo rapaz — "Que culpa tenho eu se as mulheres gostam tanto de mim?", dirá 25 anos mais tarde —, dirige-lhe a palavra em soto. Mandela permanece constrangedoramente calado diante da soberana. O que acontece em seguida representa um duro golpe em seu amor-próprio. "Ela me olhou incrédula e depois disse em inglês: 'Que espécie de advogado e de chefe você quer ser, se nem conhece a língua do seu próprio povo?'." Ele aprende a lição e logo começa a estudar vários idiomas africanos.

Todo político cedo ou tarde se defronta com esse problema, ainda que, como acontece na maioria das vezes, ele fale a língua de seus representados e eleitores: que linguagem usar para ser entendido? Claro que se deve fugir da retórica como quem foge da peste, mas confesso que não acredito muito no "discurso sincero" de alguns, em que o artificialismo e a demagogia estão sempre rondando. Nisso como em tudo o mais, é preciso ser autêntico, sem afetação nem complexos, o que só se consegue pela simplicidade, evitando os efeitos de oratória e as palavras vazias. O eleitor não se deixa enganar. Mandela se dirigirá a seu público com tamanho cuidado em se fazer entender que será criticado por entremear frases prosaicas e até recomendações de higiene em seus discursos. Na medida do possível, ele falará a cada um em sua própria língua.

Na imagem que dá dos negros sul-africanos, esse idealista de pés no chão não cai nunca no endeusamento, pois conhece suas fraquezas e limitações. "Muita pessoas", assinala ele, "fizeram retratos idílicos da sociedade sul-africana, e embora eu concorde com eles no essencial, a verdade é que os africanos nem sempre se tratavam como iguais." (Mandela, 1995, p. 338) E observa que quando esteve na clandestinidade e foi obrigado a se disfarçar de empregado, era um "subalterno muitas vezes tratado com desprezo". Aposto que, para ele, esse desprezo era mais insuportável que o dos brancos.

A qual organização se filiar? A opção era entre o Partido Comunista e o Congresso Nacional Africano. O PCAS foi fundado por uns poucos imigrantes judeus da Europa central e alguns britânicos. Em 1924, seguindo a orientação do Kremlin e da Conferência de Baku sobre as nacionalidades, decidiu "organizar as massas negras". Três anos depois, o Komintern definiu seu objetivo: "uma república indígena independente como transição para um governo operário-camponês". Com os olhos postos nesse horizonte improvável, o Partido lançou o *South African Worker*, uma publicação quinzenal em inglês, zulu, xosa, soto e tswana. Mas a agremiação continua essencialmente européia: em 1949, às vésperas da sua interdição, dos doze membros da executiva nacional, seis eram brancos, três indianos, um mestiço e dois negros.

O Congresso Nacional Africano, conhecido como CNA, tem uma longa história. A primeira tentativa de organização do povo negro remonta a 1909. Naquele ano, pela primeira vez, africanos vindos dos quatro cantos do país se reúnem em Bloemfontein para discutir sua situação e seus problemas. Os fundadores da Native Convention, que terá vida breve, pertencem à pequena burguesia operária e sua principal reivindicação é a extensão do "privilégio" de que gozam os "não-brancos" da cidade do Cabo, titulares do direito de voto.

Em janeiro de 1912, é fundado o Congresso Nacional Indígena Sul-africano (CNISA) que, em 1923, se transformará no Congresso Nacional Africano. É a primeira manifestação importante do nacionalismo africano e o primeiro partido político africano do continente. Um de seus fundadores, o advogado zulu Pikley ka Seme, redige um manifesto em que declara que, desde sua fundação, a União Sul-africana é uma "agremiação que não nos dá voz, nem no legislativo, nem na administração". De fato, o movimento congrega uma parte da "pequena burguesia negra formada pelas missões cristãs e sensível à influência negra norte-americana". São professores, pastores e advogados que acreditam no diálogo e no poder da palavra. "Sua moderação, sua paciência não têm limites, assim como sua fé cristã na eqüidade última do homem branco." (Haski, p. 42) Por muito tempo, o Congresso evitou qualquer confronto aberto com o poder e sua ação se limitou a um protesto moral. O movimento, calcado no modelo cultural britânico, chega mesmo a reunir os representantes das casas reais e chefias africanas numa espécie de cópia da Câmara dos Lordes. Quando eclodiu a Primeira Guerra Mundial, o Congresso

Africano proclamou sua lealdade à Coroa e, quando surgiu a questão da devolução das colônias da Alemanha vencida, declarou que "a extensão do Império na África corresponde à vontade da grande maioria das raças indígenas" *[sic]*.

Nenhuma dessas organizações atraiu Mandela, mais habituado, como vimos, a tecer relações individuais e a privilegiar algumas personalidades transformadas em mentores provisórios. Por sua parte, os que já estão engajados na luta sentem que esse jovem adepto do boxe amador, inteligente e combativo, seria uma excelente aquisição. O jogo das afinidades eletivas o aproxima de um primo de Sidelsky, Nat Bregman, que parece "não enxergar a diferença de cor". Não são muitos os que merecem o adjetivo *colorblind*. Nat, diz Nelson, foi "meu primeiro amigo branco". Ele leva para as noitadas festivas organizadas pelo Partido o jovem negro que, sempre preocupado com a aparência, teme não estar vestido adequadamente. O recém-chegado descobre com espanto uma sociedade multirracial mais mal do que bem-vestida, antecipando em várias décadas a "nação arco-íris". Brancos, negros, indianos e mestiços formavam "um grupo de pessoas cheias de entusiasmo que pareciam não dar a menor importância à diferença de cor".

Esse primeiro contato com um militante comunista *bon vivant* foi muito importante para Mandela que nunca esquecerá dele ao se deparar com os *apparatchiks* e seu triste dogmatismo. Talvez isso explique, em parte, sua recusa obstinada em romper com os comunistas ou condená-los. Seus adversários entenderão essa atitude como complacência ideológica quando, na verdade, se tratava de fidelidade aos que primeiro lhe deram a mão. Porém, o filho do chefe thembu se sente africano demais para se deixar seduzir pelo marxismo europeu e intui que esse não é o seu lugar. Ora, um de seus companheiros, Gaur Radebe, é, apesar da pouca idade, um veterano militante do CNA. Nelson o admira pelos seus conhecimentos, pela força de suas convicções e por sua dedicação à causa que abraçou. "O que mais me impressionava era seu completo engajamento na luta de libertação. Parecia que ele só pensava na revolução." Gaur cuida da educação política do amigo, lhe empresta livros para sua formação ideológica, sem esquecer as obras indispensáveis para o exame final de direito; também lhe recomenda interlocutores, faz pequenas palestras improvisadas enquanto almoçam um sanduíche no escritório. É assim que Mandela "faz seu curso de direito" e participa, ao mesmo tempo, de várias reuniões políticas por dia.

Por meio de Gaur, Nelson conhece Anton Lembede, um pouco mais velho que ele, que trabalha no escritório de advocacia de um dos fundadores do CNA. Esse jovem intelectual zulu, filho de um camponês analfabeto do Natal, foi professor primário no Estado Livre de Orange. Inconformista convicto, costuma dizer que "a obra inteira de Shakespeare não vale um par de sapatos", mas recita longos trechos dela. Barroco e lírico, Lembede canta a grandeza passada do continente, prelúdio ao "nascimento de uma nova África, grande e livre, entre as demais nações". Nelson sente-se tentado a seguir seu exemplo, e para convencê-lo a aderir ao CNA, Walter Sisulu lhe garante que o Congresso é "uma organização em que os negros depositam suas aspirações e esperanças, um meio para gerar mudanças na África do Sul". Esse objetivo pareceu utópico, por muito tempo, mas, como diz a letra da *Internacional*, no início dos anos 40, o mundo está mudando. O que era uma quimera transforma-se em esperança. Os americanos proclamam seu anticolonialismo e a Carta do Atlântico oferece perspectivas promissoras aos povos subjugados. "No Ocidente, havia quem considerasse a Carta letra morta, mas na África não pensávamos assim." (Mandela, 1995, p. 118)

Quando Mandela adere ao CNA, o partido se encontra em plena renovação graças a seu novo presidente, o dr. Alfred Xuma, também oriundo do Transkei. Esse médico bem-sucedido, casado com uma americana, percorreu uma longa trajetória desde seu tempo de criança, quando pastoreava rebanhos. Agora vive numa bela casa e conta com uma boa clientela. Ele lança uma grande campanha de filiação e os jovens ávidos de ação que não esperavam mais nada do CNA voltam a se interessar por ele.

Mandela não sente muita simpatia pelo dr. Xuma. Além de seu "ar altivo não ser condizente com uma organização de massa", a prioridade do médico é o consultório e seus honorários, o que o levará um dia a se separar dos companheiros de luta. Além disso, Xuma tinha modos "britânicos demais". Multiplica as comissões e delegações, bombardeando as autoridades com cartas e telegramas, num assédio cordial que não chega a preocupar o poder branco. "Eu também", confessa Nelson, "fui sensível ao paternalismo do colonialismo britânico e à afirmação de que os brancos nos consideravam cultos, progressistas e civilizados."

É preciso algum tempo para convencer certos "evoluídos" anglófilos de que a luta pela libertação não é uma partida de críquete. Quanto ao povo, a dificuldade é a mesma e se deve ao sentimento de inferioridade com relação ao branco: "Na África do Sul muitos negros julgavam qualquer tentativa para mudar o homem branco temerária e fadada ao fracasso: o homem branco era inteligente demais e forte demais". (*Ibid.*, p. 167)

Mas a nova geração não é feita de sobrinhos do Tio Sam. Em 1943, um pequeno grupo de jovens, dirigido por Anton Lembede e do qual faziam parte Walter Sisulu e Nelson Mandela, visita Xuma para propor a criação de uma Liga da Juventude no CNA. Na verdade, trata-se para eles de empreender, por fim, uma ação de massas. Xuma aceita a Liga, mas recusa a tática que considera "prematura". Um Congresso do CNA em Bloemfontein autoriza a criação da Young League e elege Anton Lembede presidente. Walter Sisulu, Nelson Mandela e Oliver Tambo fazem parte da comissão executiva. Mais adiante voltaremos a falar nesse trio. Nelson admira Oliver desde que o conheceu em Fort Hare, por sua capacidade de trabalho e seu "estilo frio e racional, perfeito para demolir os argumentos do adversário, justamente o tipo de inteligência útil em um tribunal". (*Ibid.*, p. 182)

Os jovens do CNA publicam um primeiro e vibrante manifesto: "A África do Sul está diante de um problema complexo que pode ser resumido em poucas palavras: o contato da raça branca com os negros deu origem a situações de conflito". Seguem-se algumas considerações históricas e filosóficas mais ambiciosas que precisas, mas a História também é escrita no rascunho. O texto tem o enorme mérito de formular de modo brilhante o princípio "um homem, um voto" que parece quimérico, mas que acabará se impondo. Denuncia uma situação em que 2 milhões de brancos "dominam facilmente" 8 milhões de negros e possuem 87% do território. Enfim, esse "grito de união lançado a toda a juventude patriótica" recusa de saída um nacionalismo de ódio e exclusão porque "os africanos entendem que a civilização é patrimônio de toda a humanidade e reivindicam seu direito de contribuir para o seu progresso". Os jovens da Liga, reagindo contra o conformismo dos mais velhos, insistem na recusa da "tutela" (*trustee*). À retórica dos brancos, que afirmam saber o que fazer para a felicidade dos "cafres", eles respondem que os europeus "se arrogaram o título e o papel de tutores". Proclamam que em breve chegará o dia em que a juventude africana que viveu sob a opressão exigirá seu fim. É hora de "imprimir ao Congresso um caráter autenticamente nacional" e de renunciar à "falta de disciplina e à ausência de um objetivo claramente definido que marcava o movimento em seu conjunto". (Mandela, 1986, p. 37) Não se podia dizer aos velhos de modo mais claro que a hora da mudança tinha chegado.

Qual é a estratégia proposta pelos jovens? Eles querem que a luta extrapole o marco em que os mais velhos a encerraram e abandone o mundo dos discursos e das boas intenções para, por fim, produzir resultados concretos. É o momento de mostrar eficácia. Mandela está obcecado por duas palavras: ação de massas e unidade. A greve realizada em 1946 por 70 mil mineiros do Reef e duramente reprimida o "marcou profundamente" diz ele. O movimento foi organizado pelo presidente do sindicato, J.B. Marks, membro do PC e do CNA. Mas se Mandela admira a eficácia dos comunistas, não compartilha em absoluto sua doutrina e não perde a oportunidade de dizê-lo.

Quando o dr. Xuma ouve falar de uma ação de massas contra o poder branco, protesta a altos brados e diz que "não está disposto a ir para a cadeia". Os jovens do Partido resolvem então, no Congresso de Bloemfonteim, dar-lhe um ultimato para livrar o CNA desse presidente pusilânime. Contata-se às pressas o dr. Moroka, também médico, que sequer é membro do CNA, mas que será um papa de transição bastante razoável. O secretário geral é Walter Sisulu, que costuma dizer: "A política é tudo para mim". O tempo dos amadores terminou. Mandela é membro da executiva do CNA do Transvaal. Não pôde ir ao Congresso de Bloemfontein porque seus patrões, tão liberais, não lhe concederam dois dias de licença. "Se tivesse ido ao Congresso, teria perdido o emprego, e eu não podia me dar a esse luxo."

Nelson assumiu a bandeira da libertação: não é mais segredo para ninguém que o jovem advogado condena as leis injustas do Estado. Ainda não está na ilegalidade, mas deixou para sempre o caminho do sucesso profissional porque o poder não pode perdoar a rebeldia que se transforma em dissidência. Dedica tempo cada vez mais à ação política, multiplicando os encontros e as discussões. Em abril de 1947, a visita do rei George VI e de sua família evidencia a ambigüidade da situação sul-africana. A previsão é de que o soberano, que percorre o país inteiro em um trem especial, não deve apertar uma única mão negra e a palavra de ordem do CNA é o boicote às cerimônias. No entanto, o povo africano oferece ao soberano britânico uma calorosa acolhida de que a futura rainha Elizabeth guardará ótima lembrança. Fica claro que o peso do Congresso é insignificante e, no contexto geral da guerra fria, alguns brancos são tentados a reprimir com métodos brutais os "cafres" que se aliam aos comunistas e são tão perigosos quanto eles.

Com as eleições de 1948 a nova relação de forças fica evidente. Apesar de os africanos não terem direito a voto, a competição entre formações brancas vai decidir seu futuro numa África do Sul menos impermeável do que imagina aos ventos da descolonização. A disputa pelos votos dos brancos se dá entre o United Party (Partido Unificado), do prestigioso general Smuts, firme aliado da Grã-Bretanha durante o conflito mundial e o novo National Party (Partido Nacionalista), dirigido por Daniel Malan, declaradamente simpático ao Reich. Segundo Mandela, este último é "um partido animado pelo ressentimento de seus membros contra os ingleses, que por décadas os trataram como inferiores, e contra os africanos, que julgavam ser uma ameaça à prosperidade e à pureza da cultura africâner". O partido nacionalista vence, e seu líder, então deputado, pronuncia pela primeira vez a palavra *apartheid* no Parlamento sul-africano, em 25 de janeiro de 1944. Naquele dia, declarou que pretendia "garantir a segurança da raça branca e da civilização cristã pela firme manutenção dos princípios do *apartheid*". Com a vitória de seu partido nas urnas, Malan está livre para aplicar seu programa. A África do Sul será o único Estado do mundo a codificar o racismo de forma sistemática e meticulosa.

"A Justiça, a deusa que habita com as divindades subterrâneas, jamais estabeleceu tal decreto entre os humanos", diz Antígona sobre o injusto édito de Creonte. O que não se pode compreender é como um sistema tão claramente absurdo e odioso se instaurou com os votos de uma ampla maioria e foi aceito pela comunidade internacional apenas três anos depois do mundo tomar conhecimento da "solução final". Só a inconsciente generosidade do escritor zulu Lewis Nkosi poderia fazê-lo acreditar que a sanha do sistema anunciava sua futura derrota e qualificar esse período de "década fabulosa", de "tempo de esperança e de possibilidades infinitas". (Sampson, 1999, p. 35)

O texto fundamental em matéria de segregação foi a Native Land Act (Lei da Terra) de 1913, que definia as áreas africanas. O objetivo da operação foi claramente enunciado no relatório de uma comissão governamental de inquérito, em 1922: "O africano somente deve ser admitido nas cidades para atender as necessidades do homem branco e, feito isso, deve partir". (Haski, p. 36) No ano seguinte, essa resolução foi contemplada pela Native Urban Areas Act (Lei das Zonas Urbanas): os africanos ficavam confinados nos dormitórios das minas (*compounds*) ou nas favelas afastadas dos centros brancos (*locations*). A vitória dos nacionalistas africânderes desencadeou uma vertiginosa proliferação de leis e regulamentos de todo tipo. Ninguém pode ignorar a lei. Mas como conhecer a galáxia em expansão das leis racistas? O Instituto Sul-africano das Relações Raciais tenta reduzi-la a um volume de quinhentas páginas em letra miúda. Trabalho perdido; a legislação infla ao longo dos anos. Em 1980, um jornal de Johannesburgo registra a existência de "quase 1.200 páginas de leis exclusivamente consagradas ao controle e à administração dos negros".

Esse furor legiferante vem de longe e, ousaríamos dizer, das Alturas. Numa imagem soberba, Joseph de Maistre, o grande detrator da Revolução, disse que todo Estado é um navio "cuja âncora está no céu". O Estado dos bôeres, filho de Calvino e da Reforma, ancora seu *apartheid* em suas convicções religiosas. Pensa cumprir a vontade divina ao assegurar o desenvolvimento harmonioso de cada etnia segundo as possibilidades que o Criador lhe concedeu. Segundo a Igreja Reformada Holandesa, cada raça é uma criação de Deus que deve evoluir segundo sua própria natureza. Nessas condições, qualquer mestiçagem é um crime aos olhos do Eterno. A guerra anglo-bôer do início do século, com seu terrível cortejo de sofrimentos, reforçou na comunidade africânder o desejo de proclamar sua identidade própria. Mas, no fim das contas, uma evidência se impõe: "A língua, a religião, a história se misturam intimamente para dar origem a uma identidade cultural que tem como um de seus traços mais significativos o sentimento de superioridade absoluta do branco sobre o negro, determinando a adoção de um código muito rígido, destinado a gerir as relações entre brancos e negros". (Coquerel, p. 84)

Por que o branco sul-africano reafirma sua superioridade com uma espécie de frenesi, justamente quando a vitória sobre o racismo nazista anuncia novos tempos? Talvez, porque, com o fim a Segunda Guerra, o modelo cultural bôer se vê abalado pelas investidas da modernidade. O enriquecimento trazido pelo conflito, a industrialização e o crescimento brutal das cidades solapam a ordem tradicional, aquela que Nelson, filho de chefe, encontrou ao nascer e à qual se acomodou de início. A comunidade africânder erigiu como mito fundador o "grande Trek", o avanço para as terras incógnitas ao ritmo das *turning wheels*, as rodas das carroças que dão nome ao grande romance dessa epopéia. Em 1948, dessa mitologia exaltadora resta apenas o estado de espírito dos acossados pelo *laager*, quando era preciso fazer um círculo com as carroças para resistir aos ataques dos negros armados de azagaias: "A mão de Piete crispou-se sobre a espingarda. Odiava os cafres e havia centenas deles, fáceis de matar, além de milhares de cabeças de gado fáceis de apanhar". (Cloete) Os africânderes sentem-se esmagados pelo bezerro de ouro que, a seus olhos de leitores da Bíblia, o mundo triunfante dos negócios e do dinheiro representa. É preciso recuperar urgentemente referências confiáveis para uma civilização rural profundamente abalada e para uma minoria que vê sua supremacia ser contestada. Nós, franceses, vivemos, com os colonos da Argélia, um fenômeno parecido. A identidade dos africânderes se confunde daí em diante com a do Estado. A partir desse momento, "a defesa da identidade africânder contra os anglófonos deixa de ser o tema recorrente para dar lugar ao da insegurança dos brancos ameaçados pelas massas africanas. A mestiçagem transforma-se no mal absoluto e a luta contra o negro se impõe como uma prioridade". (Coquerel, p. 65) Hendrik Verwoerd, futuro primeiro-ministro, fala sem rodeios: "A África do Sul é a terra do homem branco que nela deve continuar mandando".

Para enfrentar o "perigo negro", os nacionalistas renovarão, caricaturados, os velhos modelos culturais. Desencavam o conceito de *afrikanerdom*, criado por Paul Krüger nos anos de 1880, e concebem um projeto de sociedade fundado numa interpretação religiosa da História, uma espécie de nacional-cristianismo. Reunindo três quartos dos africânderes e implantada no país desde 1665, a Igreja Reformada Holandesa lembra reiteradamente que "a injunção divina, a Palavra, não muda". O braço secular se encarregará de aplicar a instrução divina para manter a ordem social.

O Broederbond, espécie de Opus Dei protestante, reúne os defensores mais convictos da ideologia branca. Em 1952, conta com 3.500 membros, entre os quais se encontram 350 pastores da Igreja Reformada, o primeiro-ministro Johannes Strijdom e a maior parte dos membros de seu governo. É com espanto que lemos hoje o 11º artigo do estatuto do Partido Nacional Unificado: "Ou adotamos a política da igualdade que, no longo prazo, significa o suicídio nacional da raça branca, ou nos engajamos na via do *apartheid*, que permite proteger e salvaguardar o caráter e o futuro de cada raça". Não pode haver maior obediência a um "medo patológico de perder a identidade". (Coquerel, p. 67) Oficialmente, portanto, os "cafres" deixaram de ser selvagens e inferiores, embora a palavra *kaffir* conserve sua conotação pejorativa. São "diferentes", o que de nada lhes serve. Hendrik Verwoerd, teórico do sistema, afirma: "A escola deve preparar os bantos para desempenharem o papel que a vida econômica lhes reserva. Para que ensinar matemática a um jovem banto, se ele não vai usá-la na prática? O sistema educacional deve formar cada um em função das oportunidades que a vida pode lhe oferecer". (*Apud* Tutu, p. 22) Nesse aspecto, as coisas são simples: o crescimento do pós-guerra favorece o afluxo de capital internacional e o país enriquece em ritmo acelerado. Uma grande escassez de mão-de-obra se faz sentir nas minas de ouro e nas lavouras.

O essencial do dispositivo do *apartheid* foi montado em uma década. A primeira lei, proibindo os casamentos inter-raciais, é votada logo depois da vitória, em 1949. Em seguida, um Immorality Act criminaliza as relações sexuais entre pessoas de raça diferente. Os nazistas inventaram para esse crime de amor o termo *Rassenschande* (mancha racial). Muitos criminosos são presos de forma espetacular porque o juiz exige um flagrante delito. Os amantes surpreendidos arriscam-se a sete anos de prisão, mas a lei prevê circunstâncias atenuantes, se o acusado puder "pensar de forma razoável" que seu parceiro pertence ao mesmo grupo racial que ele. Por fim, o poder garante que seu único objetivo é "proteger as jovens africanas dos maus instintos de alguns brancos". (Haski, p. 67) Há no "racismo cristão" dos africânderes uma espécie de cegueira instintiva e hereditária que às vezes cria situações estarrecedoras. Por exemplo, "muitos paroquianos brancos se negavam a receber a sagrada comunhão ao lado de seus empregados negros, embora o *apartheid* não o proibisse". (Tutu, p. 183)

Falta apenas determinar com rigor os "grupos raciais" que Deus proibiu de se misturarem. Em 1950, o Population Registration Act impõe a classificação racial de todos os sul-africanos. Em 1952, o porte do passe torna-se obrigatório para todos os africanos adultos. É a marca da submissão, vivida a cada momento como uma humilhação. No ano seguinte, o Separate Amenities Act instaura a segregação nos transportes e locais públicos, em seguida o Bantu Education Act institui programas de ensino específicos para os negros. O Native Resettlement Act de 1954 permite deslocar as populações negras que vivem em zonas declaradas brancas, o que autoriza o início da destruição de Sophiatown em Johannesburgo. Nelson Mandela é um dos principais dirigentes do movimento de resistência dos seus 60 mil habitantes, rapidamente dominado pela polícia, mas que lança a semente de rebeliões futuras. Os expulsos são enviados a mais de 20 quilômetros da cidade branca incomodada com sua proximidade: "Não se tratava de um programa de saneamento urbano. Durante anos, esses bairros constituíram um centro da resistência africana e sua evacuação era importante demais para que o Estado pudesse ceder". (Tom Lodge, *apud* Haski, p. 71)

Perseguindo incansavelmente seu objetivo, os nacionalistas estabelecem, em 1957, dois princípios. O primeiro é que um negro não pode substituir um branco num emprego equivalente; o segundo é que um negro nunca poderá ocupar uma posição hierárquica superior à de um branco. Em 1958, depois da morte de Strijdom, Hendrik Verwoerd torna-se primeiro-ministro. Esse filho de um pastor holandês, professor e mais tarde diretor de um jornal conhecido por sua simpatia pelos nazistas, levará o *apartheid* à perfeição com a criação dos bantustões, micro-estados negros dependentes de Pretória, cujos habitantes, com residência fixa ou deslocados conforme a necessidade de mão-de-obra, terão toda a possibilidade de atingir o modesto nível de desenvolvimento a eles concedido pela etnia dominante. Para não criar um escândalo internacional, essas deportações são disfarçadas de federalismo. P. W. Botha garantirá, alguns anos antes da derrocada do *apartheid*, que foi assim que "a Suíça e a Iugoslávia encontraram o segredo da cooperação e da harmonia".

O arsenal do racismo sul-africano se completa com a "interdição", o *ban*, destinada a garantir sua rigorosa observância. Um simples decreto do Ministério da Justiça, sem necessidade de fundamentação, basta para que a medida seja tomada. Quem for por ela punido, não poderá ter mais qualquer atividade política, e em caso de reincidência, será detido e preso sem julgamento. Como observa Mandela, "é uma estratégia destinada a retirar o indivíduo da luta, deixando-o viver uma existência rigorosamente limitada fora da política". Uma das interdições de que ele próprio foi objeto "abrangia qualquer tipo de reunião, e não apenas as políticas. Não pude ir, por exemplo, ao aniversário de meu filho e só podia falar com uma pessoa de cada vez". (Mandela, 1995, p. 176) Nelson acrescenta que esse banimento provocava uma "espécie de claustrofobia psicológica" que acabava convencendo a pessoa de que o inimigo "não estava fora, mas dentro". Nesse domínio, o racismo sul-africano merece uma patente de criatividade repressiva: O *ban* era uma invenção terrivelmente eficaz.

A aplicação da lei resvala para o grotesco quando os Lineus da espécie humana se enredam em seu frenesi classificatório. Então, a exemplo dos nazistas ao inventarem seus "arianos honorários", o *apartheid* transige com seus próprios princípios para acolher os homens de negócios japoneses, representantes de um iene forte, como "brancos *honoris causa*". Um sul-africano filho de pais chineses é "não-europeu", mas um chinês de passagem é "europeu". Mandela conta que defendeu um homem que queria ser classificado como mestiço em vez de africano porque os mestiços não precisavam de passe: "O juiz não parecia estar muito interessado nas provas. Ele fitou meu cliente e pediu num tom ranzinza que ele ficasse de costas para o júri. Depois de examinar seus ombros acentuadamente caídos, balançou a cabeça e acolheu a petição. Na época, as autoridades brancas consideravam que os ombros caídos eram uma das características físicas dos mestiços. E foi assim que o rumo da vida desse homem foi decidido". (*Ibid.*, p. 186)

Pertencer a essa ou àquela subespécie humana determina, de fato, toda a existência de alguém: os bairros em que tem o direito de morar, as escolas que pode freqüentar, a profissão que pode exercer, a pessoa com quem está autorizado a se casar e até o cemitério onde será enterrado. Há pessoas que se suicidam por se considerarem vítimas de um erro de classificação. Essa é irrevogável: o fato de o "não-branco" ser empregado, professor universitário ou ministro do Senhor não altera em nada sua posição no tabuleiro racial. Mas vale a pena assinalar algumas sutilezas em estatutos específicos. Por exemplo, os empregados negros da rádio sul-africana acusados de ter cometido uma "falta grave" podem escolher entre duas sanções: perder o ganha-pão ou receber um número determinado de golpes de *sjambok*, o temível chicote de couro. Há homens que preferem a miséria à humilhação. O mal pode assumir formas mais insidiosas. Assim, na imprensa, "mesmo os jornais que se declaravam contrários ao *apartheid* o aplicavam indiretamente em suas redações, refeitórios e banheiros". (Tutu, p. 215)

No final dos anos 70, um caso será manchete nos jornais do mundo inteiro como uma das maiores proezas do Pai Ubu sul-africano. Rita Hoefling, uma branca que morava num bairro nobre da cidade do Cabo, é submetida a um tratamento médico que provoca um evidente escurecimento de sua pele. De imediato, é classificada como mestiça, o que provoca um enorme transtorno em sua vida. "É como se eu estivesse com lepra", confessa a mulher. Seu marido e seu filho, horrorizados, a abandonam. Ela é impedida de subir nos ônibus reservados aos brancos e sente na própria pele a constante discriminação: "Agora eu conheço o pior lado do *apartheid*", diz. Na mesma época, na República Federal da Alemanha, um jornalista alemão devidamente pintado e maquiado se faz passar por turco e consegue ser admitido numa empresa com o único objetivo de revelar ao grande público a forma como os imigrantes são tratados no dia-a-dia. Há situações difíceis de imaginar quando não passamos por elas.

Mas não devemos generalizar: nem todos os brancos são racistas, havendo entre eles belas e corajosas figuras, desde os liberais até os comunistas. Mandela, depois de conhecer Nat, seu "primeiro amigo branco", encontrará outras pessoas assim e nunca deixará de reconhecer o seu valor. O reverendo Scott, por exemplo, é "um grande defensor dos direitos dos africanos". No dia em que o governo decide expulsar os *squartters* instalados perto de Johannesburgo, seu líder pede ao pastor anglicano que escreva uma carta às autoridades. O reverendo, "um homem modesto e discreto" responde: "Para ajudar, tenho de ser um de vocês", e vai morar com eles. (Mandela, 1995, p. 129) Os brancos liberais talvez tenham mais mérito que os comunistas, protegidos pela couraça da ideologia. De fato, são mais detestados no seio da comunidade, que abomina os "pacifistas lamurientos" ou os "escritores traidores" como Brink, Coetzee ou Gordimer. Nós, franceses, também conhecemos, na questão argelina, esse ódio contra os "caros professores" e os *porteurs de valise.** Até os negros desconfiam dos liberais brancos, a quem atribuem segundas intenções. Nesse contexto, é preciso uma coragem extraordinária para se proclamar "amigo dos cafres".

A maioria dos negros não sucumbiu à tentação de um ódio total e generalizado aos brancos: "Eu simpatizava com a corrente ultra-revolucionária do nacionalismo africano. Era contra o racismo, não contra os brancos", afirma Mandela. Diz, em tom de brincadeira, que não queria "jogá-los no mar", mas sonhava em "vê-los embarcar em seus vapores e deixar o país de livre e espontânea vontade". (*Ibid.*, p. 140) A *boutade* traduz bem sua exasperação diante da impossibilidade de convencer os brancos da existência de

* Alcunha dos franceses que prestavam apoio clandestino à luta pela independência da Argélia. (N.T.)

uma injustiça que eles se recusam a ver. Mas Nelson rechaça o nacionalismo africano fechado sobre si mesmo da maior parte dos companheiros da Liga. Deixa de ver os indianos com desconfiança e de sempre se insurgir contra o Partido Comunista e sua "ideologia de importação européia".

No início dos anos 50, ele finalmente obtém o título de bacharel em Direito. Depois de deixar o escritório de Sidelsky, colaborou com outros advogados brancos até fundar, ao lado de Oliver Tambo, o primeiro escritório de advocacia exclusivamente africano da história do país. Os dois sócios defendem pessoas humildes vítimas da opressão: famílias expulsas do pedaço de terra do qual tiravam seu sustento havia séculos, velhas mulheres proibidas de fabricar cerveja africana. Os dois advogados negros ouvem a todos com atenção e procuram ajudar de forma eficaz. "Todos os dias tomávamos conhecimento das milhares de humilhações a que os africanos comuns eram submetidos em sua vida cotidiana." (Mandela, 1995, p. 183)

Quando alguém está cercado e é perseguido precisa ter firmeza e não ocultar suas convicções. Os nomes dos donos da empresa são pintados em letras garrafais nas janelas do escritório, situado no velho imóvel pitoresco do centro de Johannesburgo, que também abriga a sede do CNA e seu secretário-geral, Walter Sisulu. Os colegas brancos dos dois advogados se mostram incomodados com a ostentação, mas Mandela não se importa; está no apogeu de sua forma física, que ele, amador talentoso, mantém praticando boxe. O que é excelente para sua imagem numa comunidade em que o exemplo de Joe Louis, o negro norte-americano campeão mundial dos pesos pesados, fez dessa nobre arte um meio de alcançar fama e prestígio, como acontece hoje no futebol. Nelson, um autêntico dândi, nunca descuida da aparência: Alfred Kahn, o alfaiate da moda, que veste entre outros o multimilionário Harry Oppenheimer, cria especialmente para ele um *blazer* com um emblema africano. Talvez esteja propenso demais a acreditar que sua força interior vencerá todos os obstáculos e convencerá todos os seus opositores. As pessoas acham que ele tem um "estilo real", o que lhe permite ganhar a simpatia do povo sem renegar do seu sentimento aristocrático. Um dia confessa ao filho de um militante que se sente destinado a ser o primeiro presidente negro da África do Sul. (Sampson, 1999, p. 68)

Mandela ganha uma importância cada vez maior no CNA. O Congresso Africano hesita quanto à linha a seguir para melhor responder aos terríveis golpes que o novo poder começa a desferir contra os "não-brancos". Os abaixo-assinados e protestos à moda antiga mostram-se ineficazes, mas a tática oposta, o recurso à força e à insurreição geral, seria, certamente, suicida. Como os africanos devem usar seu único trunfo: o número? Um dia, o princípio "um homem, um voto" garantirá sua vitória nas urnas, mas o que fazer para apressar a chegada desse triunfo ainda tão distante?

No congresso do CNA de dezembro de 1951, o secretário-geral, Walter Sisulu, propõe uma campanha de "desobediência civil" inspirada na forma como os indianos de Durban reagiram três anos antes a uma lei infame. "Pensávamos que chegara o momento das ações de massas, seguindo o exemplo das manifestações não-violentas de Gandhi na Índia", diz Nelson em suas *Memórias*. No início da década de 50, o prestígio do Mahatma, que acabara de libertar a Índia do colonialismo britânico, é imenso na África do Sul. Seu filho, Manilal Gandhi, dirige neste país o jornal *Indian Opinion* e é um dos líderes de sua comunidade. Ele defende, como herança inalterável, a tática da *satyagraha* ou não-violência como moralmente superior a qualquer outro método. Trata-se não só de uma técnica, mas também de uma espécie de exercício espiritual.

Nelson Mandela tem grande admiração por Gandhi, mas quer inspirar-se nele sem copiá-lo de modo servil. É verdade que, pessoalmente, não tem nada do ascetismo do Mahatma dos pés descalços. "Gandhi se desfazia de suas roupas enquanto você adora as suas" disse-lhe, com ironia, sua amiga Fatima Meer. Teme acaso que os indianos, infinitamente mais bem organizados que os negros, dominem o CNA? Ou sabe que, durante sua estada na África do Sul, Gandhi se preocupou muito mais com os seus compatriotas do que com os africanos? Inicialmente contrário à colaboração com a comunidade indiana, alia-se a ela quando percebe que esse é o desejo da maioria; a fidelidade à organização vem sempre em primeiro lugar. Avesso a qualquer dogmatismo, considera que a *satyagraha* não é "tão importante a ponto de se recorrer a ela mesmo que leve à derrota, como Gandhi acreditava". Mandela vê com reserva o adjetivo da expressão "resistência passiva". A Liga da Juventude subscreve essa análise: organizará manifestações de massas, mas não fará da não-violência um dogma, e sua tática não será calcada na do grande indiano.

Nessa época, Mandela compreende que o nacionalismo africano fundado no orgulho de pertencer a um grande povo e na exaltação lírica do mundo negro não será suficiente para armá-lo ideologicamente para a grande luta que se anuncia. "Eu tinha mais certeza daquilo a que me opunha do que daquilo que apoiava." (Mandela, 1995, p. 148)

Nas discussões com seus amigos marxistas toma consciência das suas próprias lacunas e, como nunca faz nada pela metade, compra "as obras completas de Marx e Engels, Lênin, Stálin e Mao". Todos se compadecem do pobre devorador de livros, mas ele confessa que, por mais que sonhasse com uma sociedade sem classes, sua tentativa de ler *O Capital* o deixou simplesmente "exausto". Em algumas questões essenciais, sente-se marxista: a teoria da mais-valia, por exemplo, parece-lhe uma brilhante explicação da exploração nas minas. Vê certa proximidade entre o comunismo e a "sociedade africana tradicional, em que a vida era compartilhada e comunitária". Apesar da adesão ao partido não fazer parte de seus planos, quer ser um companheiro de viagem e renuncia à hostilidade anterior.

Mandela não escolheu um bom momento para se converter ao marxismo. Em 1950, o governo promulga o Suppression of Communism Act, mecanismo destinado a cortar pela raiz toda e qualquer oposição. Estará sujeito a dez anos de prisão quem "perseguir os objetivos do comunismo", formulação que permite as mais audaciosas interpretações. Todo oposicionista, seja ele stalinista, trotskista, liberal, africano, indiano ou mestiço, sabe que, mais cedo ou mais tarde, será acusado de usar a estrela vermelha. Oliver Tambo não tem ilusões quanto a isso: "Hoje é o Partido Comunista. Amanhã serão os sindicatos, o Congresso Indiano, o APO, o CNA". A repressão é cada vez mais dura: numa passeata de 1º de maio, a polícia abre fogo contra os manifestantes e mata dezoito pessoas.

A primeira campanha de desobediência civil, chamada *Defiance Campaign*, tem seu início previsto para 30 de junho de 1952 e será coordenada conjuntamente por indianos e negros. Quatro dias antes da data fixada, Mandela fala em Durban para um público de 10 mil pessoas. É uma experiência arrebatadora e o sucesso abre-lhe novas perspectivas: não é um tribuno, mas o povo gosta de seu estilo simples e didático. Alguns dias depois, é preso numa batida policial e passa duas noites nas sórdidas dependências de Marshall Square. Para ele, é mais uma estréia. Lá descobre a brutalidade dos guardas da prisão: um deles, para castigá-lo por intervir a favor de um ferido sem assistência, dá um chute em sua canela. É a primeira vez que sofre maus-tratos físicos.

O governo vê na desobediência civil "não uma forma de protesto, mas um crime". Fica particularmente alarmado com a frente de indianos e africanos, prova do fracasso da sua política de divisão e oposição das comunidades "não-brancas". As provocações e intimidações se multiplicam: a polícia infiltra seus agentes no CNA. Em sua primeira prisão, Nelson nota dois estranhos companheiros de cela. Um deles está de sobretudo e echarpe de seda. "Quem vai para a cadeia vestido desse jeito?" O outro é, sem sombra de dúvida, um militar à paisana. Na própria comunidade negra, há militantes que criticam violentamente a campanha e denunciam não só a influência dos comunistas, mas também o predomínio dos indianos no CNA.

Finalmente o poder decide golpear os dirigentes da subversão. Por violar a lei contra o comunismo, a Executiva do CNA — o presidente, dr. Moroka, o secretário-geral, Walter Sisulu, e Nelson Mandela — é detida, e com ela vários líderes indianos. Em setembro de 1952, os 21 acusados são julgados em Johannesburgo. O julgamento é uma excelente oportunidade para mostrarem sua determinação. Ele começa bem: multidões de manifestantes negros e muitos liberais brancos se dirigem ao tribunal e aclamam os acusados. A vitória só foi empanada pela tibieza do dr. Moroka que, por anticomunismo visceral e zelo do próprio conforto, rompe com os companheiros e contrata um advogado só para ele. O líder do CNA, o dirigente que percorrera o país pregando a desobediência civil, chegará agora ao cúmulo de declarar que a igualdade entre negros e brancos não passa de uma quimera.

Nessa ocasião, Nelson formula o primeiro artigo de seu credo político, ao criticar o dr. Moroka por seu "enorme pecado de colocar seus próprios interesses acima dos da organização e do povo", falta mortal que Mandela jamais cometerá. (1995, p. 171) Os acusados são declarados culpados daquilo que o juiz qualifica, não sem marcar um discreto distanciamento de magistrado honesto em relação ao texto que é obrigado a aplicar, de "comunismo tal como definido por lei", em oposição "àquilo que normalmente se conhece como comunismo". O próprio juiz reconhece que os acusados recomendaram aos militantes que "agissem com calma, evitando qualquer forma de violência". Os acusados são condenados a nove meses de trabalhos forçados, com pena suspensa durante dois anos. Comparado às expectativas do poder, o veredicto é de uma "indulgência" surpreendente.

As leis contra as quais a campanha de desobediência civil se dirigia não sofreram o menor abalo, mas esse fracasso previsível é um imenso sucesso. O CNA, cuja coesão é reforçada pelo isolamento do seu lamentável presidente, chegará muito rapidamente aos 100 mil membros. Dessa experiência, Nelson tira algumas lições: a campanha durou muito tempo e se esvaziou; é preciso saber acabar com uma greve. O sucesso exigia militantes de tempo integral que o CNA não tinha. Finalmente, a prisão se inscrevia no seu destino pessoal. Tornou-se mesmo inseparável dele, ainda mais que "a partir dessa campanha de desafio, ir preso passou a ser uma honra para os africanos". (Mandela, 1995, p. 172) Como conseqüência lógica do que foi dito, ele deverá se entregar por inteiro à sua missão: "Tentei organizar uma campanha exercendo ao mesmo tempo minha profissão de advogado, e não é assim que se faz. Nós ainda éramos amadores".

Logo ele completará sua formação, quando da expulsão dos habitantes de Sophiatown, subúrbio multirracial de Johannesburgo e próximo do centro da cidade, o que o tornava duplamente insuportável para o poder. No seu apelo à resistência, o CNA lançou uma palavra de ordem temerária: "Terão de passar por cima do nosso cadáver". Nelson é repreendido pela direção do Congresso por ter-se deixado entusiasmar a ponto de dizer num discurso que os negros "deviam se preparar para fazer uso da força". Para manter-se fiel à linha do partido, deve recuar, mas ele não pensa fazer isso. É a gota d'água! "Que fará esta alma soberba, implacável, agora que foi ferida pela humilhação?", pergunta o coro na *Medéia* de Eurípides.

ATO II
Espártaco

Um amo? Que dizes? O negro já não tem!
Espártaco os grilhões rompeu longe de Roma.
Lamartine, *Toussaint-Louverture*

Sobe o pano do segundo ato da tragédia, e sobre o palco vemos o pequeno grupo de líderes negros esperando a hora de ir para o tribunal. De repente, um deles, Masabalala Yengwa, filho de um operário zulu e secretário do CNA na província do Natal, se veste com um cobertor, enrola um jornal imitando uma espada e caminha de um lado para o outro declamando um poema em homenagem a Chaka, "a ave de rapina que mata seus inimigos sem piedade". Ergue-se um clamor ao redor do inspirado poeta. O chefe Luthuli, até então em silêncio, levanta-se gritando: "*Ngu Chaka lowo!*" (Aqui está Chaka!). Depois começa a dançar e a cantar a glória do herói. Chaka (1787–1828) é uma espécie de Bonaparte que mudou a tática e a própria composição do exército. Tudo se baseia na "formação em crescente, que permite cercar o inimigo antes de esmagá-lo com ataques corpo-a-corpo", o que pressupõe superioridade numérica; por isso Chaka organiza regimentos por faixas etárias, os *impis*, que são treinados durante meses para esse tipo de combate.

Poderia esse ideal militar inspirar os negros depois de dois séculos de submissão? "De repente, não havia mais xosas nem zulus, indianos ou africanos, esquerdistas ou direitistas, religiosos ou políticos: éramos todos nacionalistas unidos pelo amor à nossa história comum, à nossa cultura, a nosso país e a nosso povo. Naquele momento, alguma coisa se agitou dentro de cada um de nós, alguma coisa forte e íntima que unia a todos." Os franceses conhecem bem essa "coisa". Ela vibra na nossa *Marselhesa.*

O que levou o advogado Mandela a pensar que, para acabar com a opressão, deveria trocar a toga pela espada? Além da razão mais evidente ligada ao recrudescimento da opressão branca, vejo um motivo mais forte para a mudança. É o sobressalto da dignidade humana, o eterno *non possumus* do homem diante da barbárie. As palavras "liberdade", "igualdade" e "fraternidade" estavam gravadas em nosso coração antes de serem inscritas em nossos frontões.

O CNA, tolerado na época dos gentis abaixo-assinados, deixou de ser um clube de notáveis amedrontados. O tíbio dr. Moroka é substituído pelo chefe Albert Luthuli, que assumiu a liderança do partido na conferência de 1952. Este dignitário tribal, filho de um missionário adventista e antigo professor, é um homem "alto, forte, de pele escura, sorriso franco, aspecto humilde, dotado de enorme autoconfiança". Dono de uma "paciência infinita e de grande força moral", conduz a luta com plácida intrepidez, apesar de a etapa seguinte, a dissolução, já estar programada.

A conferência toma ainda uma outra decisão, desta vez secreta. O CNA e o Congresso Indiano criam uma organização clandestina que permitirá a seus dirigentes manterem contato permanente. Nelson Mandela é encarregado de elaborar o "plano M". Transformado em guerrilheiro, torna-se o responsável pela luta clandestina do movimento. Realiza reuniões secretas, no país inteiro, com militantes negros e indianos. Elabora um programa de formação militar, a meio caminho entre a escola de suboficiais e a universidade popular. Nelson não pensa em outra coisa senão na missão que lhe foi confiada. Faz muita atividade física e até regime, e é o único opositor político que conheço que, em liberdade, tenta se acostumar à péssima comida da prisão, onde "a pessoa deve estar magra e ser capaz de viver com pouco". (Mandela, 1995, p. 249) Essa dieta pré-prisional tem algo de enternecedor, pois lembra a criança que renuncia à sobremesa para a mãe sarar. Posso dizer, sem medo de errar, que vejo no meu herói um lado infantil que talvez seja o segredo da incrível jovialidade do velho.

Daí em diante, ele sacrifica tudo à política, não como ocupação ou profissão, mas como paixão insaciável pelo bem público. "A política é o destino" dizia Napoleão. O que é verdade, desde que se trate do destino de todos, e não de uma brilhante aventura pessoal. A política não é uma carreira, mas uma vocação, uma vida colocada sob o signo do reconhecimento dos direitos do outro. "O homem é um animal político, mais social que as abelhas e todos os outros animais que vivem juntos. O interesse deve ser comum a todos, e se não for, deixa de haver cidadãos", diz Aristóteles em sua *Política*. Afinal de contas, pouco importa que esse engajamento a serviço de todos resulte em fracasso ou em sucesso, na celebridade do governante ou na vida obscura do militante de base: quem escolhe essa amante não pede a ela que esteja sempre se insinuando.

A primazia da política mina pouco a pouco sua vida familiar. Chega sempre muito tarde à sua "casa caixa de fósforos" de Orlando. O casal sofreu um rude golpe: perdeu uma filha de poucos meses. "Evelyn ficou inconsolável, e a única coisa que acalmava um pouco minha própria dor era tentar aliviar a dela." A esposa suporta cada vez menos as ausências do marido. Entra para a seita das Testemunhas de Jeová, poderosa na África do Sul, país onde as igrejas proliferam. "Não sei se isso aconteceu por ela estar insatisfeita com sua vida naquele momento." A frase soa a desculpa pouco convincente. A mulher se nega a acreditar que um homem possa se apaixonar pela política a tal ponto: Nelson está mentindo, com certeza tem outras mulheres. O casal se desentende quanto à educação dos filhos, Thembi, já pioneiro do CNA, e o caçula, Magkhato: "Ela queria que eles fossem religiosos e eu achava que deviam ser políticos". A situação fica insustentável, e o casal resolve se divorciar.

Vencidas as reservas contra comunistas e indianos, o militante Mandela se alia a todos os opositores do *apartheid*. Participa da elaboração de uma *Carta da Liberdade*, cuja primeira versão é de autoria de um comunista branco. No dia 26 de junho de 1955, o Congresso do Povo, de que participam mil delegados, aprova o conteúdo do documento num ginásio de esportes próximo a Soweto. Nelson, que naquele momento cumpria mais uma ordem de proibição, não pode comparecer, mas tem participação importante na redação do texto que proclama: "A África do Sul pertence a todos os que aqui vivem, negros e brancos, e nenhum governo pode justificar sua autoridade, a não ser baseado na vontade do povo". A *Carta*, aprovada pelo CNA depois de acalorados debates, constitui um contraponto ideológico perfeito: "No exato momento em que o governo africânder está prestes a impor um poder fundado exclusivamente na raça, o CNA aprova um manifesto que é, antes de tudo, uma negação do racismo". (Sampson, 2003, p. 95)

Embora esses manifestos e proclamações de intenções possam parecer repetitivos, quando os lemos agora, é por meio desses documentos que se reafirmam os princípios de base da luta. No futuro julgamento eles serão, na argumentação da defesa, a prova de que o CNA, desde o início, foi contrário ao fanatismo racial e ao ódio ao branco.

Ninguém se torna clandestino da noite para o dia, e os militantes que se propõem a pôr em prática o "plano M", a começar pelo próprio chefe, não têm a experiência de seus camaradas comunistas longamente treinados para passar da luz à sombra. "Quando a mão de ferro do governo se abateu sobre eles", constata Mandela, "não estavam preparados para enfrentá-la." Na madrugada do dia 5 de dezembro de 1956, a tal "mão" dá pancadas violentas na porta do advogado rebelde. Enquanto tranqüiliza os filhos que acordaram sobressaltados, dá uma olhadela no mandado de prisão que os policiais lhe apresentam: "As palavras *Hoogverraad*, alta traição, chamaram minha atenção". Como homem de leis, sabe exatamente o que aquilo significa. E evoca a cena com um dos seus habituais *understatements*: "Não é nada agradável ser preso na frente dos filhos, apesar de saber que o que se está fazendo é correto". Na Marshall Square, a prisão de tijolo aparente de Johannesburgo onde passou algumas noites quatro anos antes, na campanha de desobediência, encontrará muitos amigos. Durante a noite houve uma grande *blitz* e os principais responsáveis negros e indianos da Aliança do Congresso, num total de 154, estão atrás das grades.

Em Johannesburgo, os presos são transferidos para o Fort, edifício sinistro do centro da cidade, e logo têm uma idéia do que os espera: são levados para um grande pátio, onde recebem ordens de se despir e se alinhar, completamente nus, contra a parede. Aí permanecem, tremendo ao vento gelado, por mais de uma hora, "padres, professores, médicos, advogados, homens de negócios, homens de meia-idade e de idade avançada, que normalmente eram tratados com deferência e respeito". Ao descrever a cena, Nelson não resiste a um pequeno gesto de vaidade do qual certamente nem se dá conta: "Se ter corpo bonito e um físico capaz de impressionar bastasse para se tornar um líder, poucos de nós estariam aptos a ocupar essa posição". Ele sabe muito bem que possui essas qualidades. Os protestos e as manifestações multiplicam-se pelo país inteiro, por quinze dias. Nas faixas dos manifestantes, se lê: "Todo o apoio aos nossos líderes".

As coisas ficam claras: para o Estado, o advogado se tornara um criminoso de alta periculosidade. Sua primeira exigência é que seja desmontada a jaula em que o tribunal pretende colocar os acusados, exibindo-os "como animais selvagens", nas palavras de um dos advogados de defesa. Mandela julga inaceitável essa prática medieval, que, curiosamente, se perpetua até hoje na Itália: "Além do efeito simbólico, a jaula nos impedia de nos comunicar com nossos advogados, que não tinham permissão para entrar". O aparato é desmontado e o julgamento, por fim, tem início, sob forte vigilância. Por sorte os acusados não estão presos; apresentam-se todas as manhãs no tribunal. Nelson não parece ter guardado uma recordação muito ruim dessa época: lembra com ternura das longas sessões de reflexão coletiva, dos almoços em comum num gramado próximo ao tribunal e das inteligentes manobras adotadas para enfrentar a acusação. Esta incide sobre a campanha de desobediência civil, a resistência à evacuação forçada de Sophiatown e o texto da *Carta da Liberdade*.

A defesa está garantida por uma excelente equipe de advogados, entre eles Bram Fisher, que será amigo de Nelson para o resto da vida, e o talentoso Vernon Berrangé. O promotor é "o temível Oswald Pirow, antigo ministro da Justiça e da Defesa, feroz partidário do *apartheid*. Esse anticomunista ferrenho considerava Hitler 'o maior homem da nossa época'". Nelson Mandela e seus companheiros respondem por 'alta traição e conspiração nacional para derrubar o governo usando de violência e instaurar um Estado comunista'. A acusação pretende provar, entre outras coisas, que os termos da *Carta da Liberdade* são "de natureza comunista".

Nelson Mandela conta como a defesa reduziu a pó as "provas" apresentadas por um especialista, o professor Andrew Murray, diretor do Departamento de Ciências Políticas da Universidade da Cidade do Cabo. Berrangé lê para ele algumas frases de inspiração generosa e vagamente socializante e pergunta se acha que foram escritas por comunistas. O imprudente não vacila um só segundo em responder que sim. Acontece que as citações são de Daniel Malan e Abraham Lincoln. O golpe de misericórdia vem com a leitura de mais uma frase que o especialista identifica sem hesitar como "comunismo puro" e que, na verdade, era um trecho de um de seus próprios artigos! O acadêmico retira-se, envergonhado, e a defesa se lança num "minucioso debate para contestar a acusação".

No dia 13 de outubro de 1958, o Ministério Público retira a acusação. "Não comemoramos porque conhecíamos muito bem os métodos tortuosos do governo", diz

Mandela. (Sampson, 2003, p. 173) E um mês depois fica sabendo que, dos 91 acusados, somente trinta — todos do CNA — serão julgados, e os casos dos restantes serão objeto de processo em separado. A nova acusação, que relega para segundo plano o hipotético "comunismo" dos acusados, vai direto ao ponto: segundo o promotor, seus escritos e discursos "implicam necessariamente a derrubada do governo pela violência". Em outras palavras, o julgamento tem um único objetivo: evitar a guerra servil, nome que a História deu à revolta armada do gladiador de Cápua. Os dois campos limpam as armas. Não satisfeito com as que a arbitrariedade lhe dá, o poder branco quer ser visto como defensor da lei e da ordem. Quer que seus adversários sejam eliminados na forma da lei; do libelo acusatório constam 18 mil palavras! *Summum jus, summa injuria*, diziam os romanos, e é verdade: onde impera o legalismo, reina a injustiça.

A injustiça sente-se em casa no país do *apartheid*, mas este, ao mesmo tempo, é o paraíso do formalismo jurídico de modelo anglo-saxão. Somente a fase preparatória do julgamento dura todo o ano de 1957, com audiências quase sempre diárias. Tudo isso apenas para saber se os acusados devem ou não ser levados ao Supremo Tribunal. A batalha continuará até meados de 1959. O próprio Mandela, louco por uma querela, acaba cansa-se de tantas peripécias, mas sabe o que está em jogo e esclarece os companheiros: "Disse-lhes que o nosso julgamento era muito mais do que um mero conflito sobre questões jurídicas... Tratava-se de uma prova de força, de um conflito entre uma idéia moral e uma idéia imoral".

É justamente aí que está, a meu ver, o cerne da questão. Como escreveria Desmond Tutu: "No tempo do *apartheid*, os sul-africanos brancos pensavam que o que era legal era necessariamente moral. Ficavam furiosos quando nós lhes dizíamos que ninguém era obrigado a obedecer leis injustas". (Tutu, p. 220) Quanto maior era o desacordo de fundo, mais inatacável tinha que ser a forma que supostamente o garantia. "Este julgamento vai continuar", diz o ministro da Justiça, "mesmo que custe milhões. Não importa quanto tempo dure!" A República Sul-Africana, que exerce uma ditadura de fato sobre a maioria da população, faz questão de provar aos olhos do mundo que é um Estado de direito. Assim como a Constituição stalinista da URSS era a mais democrática do mundo, o julgamento de Johannesburgo é o mais minucioso que se possa imaginar. Aparentemente, os acusados dispõem de todas as garantias, mas, embora a maioria dos juízes não esteja a serviço do poder, aplicam, às vezes a contragosto, suas leis iníquas. Seja como for, a última palavra nunca é deles, mas do poder cujo exército e cuja polícia cercam o tribunal.

Começou a velada das armas. As eleições, indevidamente chamadas de gerais, já que 3 milhões de brancos excluem delas 13 milhões de africanos, realizam-se em abril de 1958. O estado-maior da oposição decreta uma greve de três dias com uma palavra de ordem um tanto otimista: *The Nats must go!* [Fora os nacionalistas!]. A greve fracassa, e a direção, sabiamente, a suspende no final do primeiro dia. Como cada experiência nova é motivo de reflexão para ele, Nelson observa que a suspensão do movimento no final do primeiro dia foi um fracasso limitado. Se tivessem esperado até o terceiro dia, o fiasco seria completo. E Nelson se pergunta sobre a legitimidade do recurso aos piquetes para impedir as pessoas de trabalhar, pois esses métodos não o agradam. O CNA "deve ser um refúgio, e não uma prisão". Mas relativiza seu pensamento: há casos em que a maioria pode usar de coerção contra uma minoria dissidente. Não tem ilusões e nunca pecou por ingenuidade. Será que imagina que um dia terá que lutar contra seus próprios irmãos?

Em plena fase preparatória do julgamento, o acusado, sob o risco de sofrer uma condenação exemplar, constata que "o escritório Mandela & Tambo está à beira da falência". Esse cenário deprimente, no entanto, de repente se ilumina. Alguns meses antes, ele se divorciou de Evelyn, e a separação se deu sem ódio nem recriminações. Um dia, durante uma audiência suspensa, Nelson passa de carro pela porta do principal hospital para negros de Johannesburgo. "Vi com o rabo do olho uma moça linda no ponto de ônibus." Fica tão impressionado com a beleza da jovem que pensa em dar meia-volta. Algumas semanas depois, ao entrar na sala de Tambo, lá está ela. Seu nome é Nomzamo Winnifred Madikizela, Winnie para os íntimos, e trabalha no hospital, onde é a primeira assistente social negra. Ele a convida para almoçar num restaurante indiano aberto aos negros. "Não sei se existe amor à primeira vista, o que sei é que quando vi Winnie Nomzamo pela primeira vez quis casar com ela." Se é que ele de fato não sabia, o nome é esse mesmo: amor à primeira vista.

Nomzamo significa "aquela que luta". Ninguém fez mais jus ao nome do que essa amazona deslumbrante e belicosa. Seu avô era um poderoso chefe tribal do Natal radicado no Transkei. Apaixonado, mas honesto, Nelson expõe a situação sem rodeios: a vida com ele não será um mar de rosas. O destino do escritório é a ruína e o do advogado, a prisão. Depois pergunta se ela quer casar com ele. Winnie não hesita um só segundo: a luta é seu elemento, a coragem, uma de suas qualidades e, acima de tudo, ela o ama. Na lembrança de Nelson, o encanto dessa confissão permanece intacto: "Seu espírito, sua paixão, sua juventude, sua coragem, sua obstinação, seus olhos brilhantes — tudo isso eu senti quando a vi pela primeira vez". O casamento se realiza em junho na aldeia da prometida, onde o noivo vai, antes de qualquer outra coisa, à delegacia de polícia registrar sua chegada. O sogro não está muito contente com a união. Em seu discurso, diz à filha que ela está desposando um homem casado com a luta. E conclui: "Se teu marido é um mago, você deve ser uma feiticeira".

Estranho presságio. Na tragédia, "Aquela que luta" será uma personagem ambígua, a meio caminho entre Antígona e Clitemnestra, a quem o coro diz: "Tua alma é audaciosa; tua linguagem, arrogante". Faça ela o que fizer, o marido nunca a condenará. Não é dos que destroem o que amaram. Em fevereiro de 1958, Winnie dá à luz uma menina, logo batizada de Zenani, que significa "Que trouxeste para o mundo?". Depois, seu nome será abreviado para Zeni. Como diz o pai, "não é um nome qualquer. É preciso levar uma vida digna dele". "Aquele que cria problemas" e "Aquela que luta" também se esforçam por fazer jus ao nome que têm. Assim como a nobreza, a África impõe obrigações.

No dia seguinte ao casamento, Nelson está de volta ao tribunal. O verdadeiro julgamento começa, afinal, em 3 de agosto de 1958, dois anos e oito meses depois da prisão dos acusados! A acusação, apoiada em centenas de páginas de anotações, tenta desesperadamente provar as intenções belicosas do CNA. Recorre com freqüência a relatórios de reuniões feitos por policiais negros infiltrados da Special Branch que, por falta de qualificação, não entendem o teor das discussões. Seus disparates são motivo de chacota por parte dos indiciados. O Ministério Público apresenta triunfalmente a gravação clandestina do discurso de um dos dirigentes do CNA no Transval: como o próprio Nelson fizera antes, o orador se entusiasmou e se excedeu. "Se você é disciplinado e a organização lhe diz para não ser violento, você não deve ser violento [...], mas se te mandam agir com violência, você deve ser violento de verdade." A defesa alega que a frase infeliz nada mais é do que um apelo à disciplina e os juízes aceitam o argumento. É então que morre o temível promotor Pirow. Depois dele, "a agressividade e a eficácia da acusação diminuem". No entanto, em vez de comemorar aquela morte súbita, Nelson, sempre bom jogador, lamenta a perda, porque Pirow era "humano, não compartilhava o racismo do governo que representava e se referia a nós polidamente como "africanos". (Mandela, 1995, p. 283)

Por fim — estamos em março de 1960 —, os acusados têm a palavra. Um brilhante médico negro, o dr. Wilson Conco, é chamado a depor e causa tão boa impressão que o juiz Kennedy, magistrado íntegro nascido na Zululândia, como a testemunha não consegue esconder o orgulho que sente por sua região ter produzido um "indígena" desse quilate. *"Sinjalo thina maZoulou"*, diz à meia-voz, "nós, zulus, somos assim!". Mais uma ambigüidade desse estranho país onde a Bíblia dá maus conselhos, o diabo é amigo do bom Deus e, como em *Cry the Beloved Country*, os magistrados de boa vontade caucionam a iniqüidade pois "o juiz não pode torcer a lei porque a sociedade é falha [...] há uma lei em vigor, que deve ser aplicada, e é dever sagrado do juiz fazer com que seja respeitada". (Paton, p. 311) O chefe Luthuli, presidente do CNA, apresenta sua defesa. Sua honestidade, seu rigor e sua dignidade causam grande impressão. Seu contra-interrogatório irá durar três semanas. "Por ser cristão devoto", diz Mandela, "ele era a pessoa ideal para demonstrar que o CNA trabalhara sinceramente pela harmonia racial." Acredita na bondade inata do homem e sustenta que o coração dos sul-africanos brancos pode mudar, sem deixar de observar, de passagem, que quando os homens e as nações são atacados têm o direito de usar a força para se defender. Finalmente, Nelson Mandela é chamado a dar seu longo testemunho "depois de três anos de silêncio, de ordens de proibição e exílio interno". Como todos os seus companheiros, assegura que o CNA optou pela não-violência, mas, mesmo não se pronunciando sobre o assunto, sabemos que ele não compartilha o otimismo cristão do chefe Luthuli quanto à redenção dos africânderes. Diz também que não é comunista, o que é verdade, mas com sua nobreza natural, se recusa a negar sua solidariedade aos militantes do partido. "Não hesitei em reafirmar o enorme apoio que recebemos dos comunistas." (*Ibid.*, p. 306)

Antecipemo-nos aos fatos. O julgamento por traição termina em 29 de março de 1961, depois de inúmeras peripécias. O Tribunal, embora considerando que o Congresso Nacional Africano pretendeu instaurar uma "forma de Estado radicalmente diferente", recorrendo para isso a "meios ilegais", recusa-se a acolher a tese principal da acusação: "Com base nas provas apresentadas, é impossível a este tribunal concluir que o Congresso Nacional Africano tenha adotado uma política destinada a derrubar o Estado pela violência, no sentido de preparar ou condicionar as massas para praticar atos diretos de violência contra o Estado". Nelson observa que o tribunal era, talvez, "o único lugar na África do Sul onde um africano podia ser ouvido com isenção". É verdade, mas o curso da História há muito ultrapassou e atropelou a Justiça. No momento em que esta, por fim, se pronuncia, todos os acusados estão presos, continuarão sujeitos a decisões totalmente arbitrárias do executivo e, fora da sala onde o veredicto "correto e justo" foi dado, a África do Sul está conflagrada.

Vale lembrar que quem acendeu o rastilho foi o próprio poder branco, em 1959, com uma lei que criava oito bantustões (Bantu Self Government Act 1959), numa estarrecedora demonstração de falta de visão. "Ninguém é mau porque quer", dizia Descartes. Os africânderes não só não se consideram maus quando decidem concentrar 70% da população da África do Sul em 13% do território do país como acham que com isso estão prestando um grande serviço aos negros. As Igrejas Reformadas Holandesas apóiam essas medidas porque, para elas, a cidade é um antro de imoralidade e perdição. Hendrick Verwoerd afirma, em tom sério, que os negros ficarão tão felizes nos bantustões que nunca mais pensarão em se rebelar. A vida política me ensinou que as posições dos nossos adversários, por mais absurdas e ilógicas que possam parecer, são muitas vezes defendidas com boa-fé. Mas os fatos são os fatos e a criação dos bantustões é imediatamente apreendida pelos africanos como o que realmente é: uma espoliação e uma impostura.

Longe de assegurar um "desenvolvimento separado" harmonioso, o "grande *apartheid*" instituído pelos bantustões põe o país em polvorosa. A agitação toma conta das zonas rurais e manifestantes furiosos matam apoiadores do governo. Este reage com brutalidade e são incontáveis as detenções acompanhadas de sevícias, sobretudo na Thembulândia e na Zululândia. A população da Sekhukhunulândia se nega a pagar imposto e parte para a rebelião aberta. No Transkei, o sobrinho de Mandela, K. D. Matanzima, alinha-se ao poder, apoiado pelo pai de Winnie, que, como sabemos, não viu com bons olhos seu casamento. A jovem, com o pai e o marido em lados opostos, não hesita um instante em aderir ao CNA e vai para a cadeia por ter participado de uma manifestação de mulheres contra o *pass*. Aliás, esse documento humilhante que os negros deviam apresentar a cada deslocamento contribui significativamente para acirrar sua cólera.

"O país vivia um clima sombrio. O governo ameaçava banir a organização e alguns ministros alertavam o CNA de que em breve seria esmagado sem o recurso das armas." (Mandela, 1995, p. 287) De fato, quando a unidade é mais necessária do que nunca, o Congresso Africano se divide. Os "africanistas", cujas teses Mandela chegou a aceitar, levam a paixão da africanidade até a recusa do outro. É a época em que, em Gana, Nkrumah exalta a *african personality*. *"L'Italia farà da se"*, dizia Cavour ao abraçar o projeto da unidade italiana. A África também deve se libertar sozinha, por seus próprios meios. Deve fugir, como da peste, dos comunistas, cujos objetivos são diferentes dos seus.

Como não conseguiram impor seu exclusivismo étnico no CNA, os "africanistas" fundam em abril de 1959 um novo partido, o Pananfricanist Congress (PAC). Seu presidente, Robert Sobukwe, tem 35 anos, seis a menos que Mandela, de quem foi seguidor e a quem admirou por muito tempo. É um brilhante universitário de origem camponesa que traduziu *Macbeth* para o zulu e é chamado de "o Prof.". Está plenamente convencido de que os brancos não podem aderir de boa-fé à causa negra porque "um grupo que ocupa uma posição privilegiada nunca a abandona voluntariamente". O manifesto do novo partido não poderia ser mais explícito: "O povo africano não tolerará a existência de outros grupos nacionais dentro das fronteiras da sua nação". (Sampson, 1999, p. 121) Chovem críticas pessoais sobre Mandela. Censuram seu estilo de vida. Ele e os amigos "dançam com mulheres brancas em festas inter-raciais em Johannesburgo, em vez de lutarem pela liberdade do povo negro". Por trás dessa queixa se oculta uma "crítica de classe": será que um filho de chefe não é "burguês" demais ou "intelectual" demais para liderar um movimento popular? Essa é a época em que, nas universidades européias, os estudantes maoístas fazem o possível para que seus privilégios de nascença sejam esquecidos, e na ânsia de se identificarem com o povo chegam até a trabalhar como operários ou camponeses.

O poder branco vê com satisfação a discórdia grassar no campo inimigo. O anticomunismo do novo partido agrada a Washington. Não falta militância nem coragem ao PAC e Mandela o respeita por isso. Acontece, porém, que seus defeitos são consideráveis; Mandela critica, e com razão, os ultras pela inconsistência do seu programa político e por sua demagogia. Acusa-os de "amadorismo" e de "oportunismo". Os africanistas, no seu entusiasmo ingênuo, chegam a proclamar: "Em 1960, atingiremos a primeira etapa do caminho da liberdade e da independência, e em 1963, a última". Uma das leis não escritas da vida política, difícil de cumprir mas valiosa, é não permitir que uma diferença ideológica ou tática se transforme em inimizade pessoal. Nesse aspecto, Nelson é notável: mantém boas relações com "o Prof.", da mesma forma que evitou se indispor com o sobrinho que defendeu os bantustões.

A divisão dos negros precipita uma tragédia anunciada. Para se antecipar ao CNA, o PAC lança sua campanha contra o *pass* dez dias antes da data definida pelo Congresso, convocando imprudentemente as pessoas para "irem entregar seu *pass* e se deixarem prender em massa em todas as cidades e aldeias do país". De início essa palavra de ordem parece encontrar pouco eco, mas na pequena *township* de Sharpeville, cerca de 50 quilômetros ao sul de Johannesburgo, o PAC tem grande penetração. Quando os 10 mil manifestantes avançam contra a delegacia, no início da tarde de 21 de março de 1960, os 75 policiais locais entram em pânico, abrem fogo e continuam a atirar mesmo depois que a multidão recua apavorada. Registram-se 67 mortos e quatrocentos feridos, entre eles dezenas de mulheres e crianças.

O massacre de Sharpeville é a guinada decisiva na história contemporânea da África do Sul. O mundo se horroriza e toma consciência da real situação do país, oculta pelas belas palavras e garantias dos seus dirigentes brancos. Até o Departamento de Estado, seu maior aliado, protesta contra a carnificina que escandaliza os negros americanos. Para um militante *antiapartheid*, não se trata de hostilizar o PAC porque, naquele contexto, ele encarna a luta mais do que o CNA que corre o risco de ser marginalizado muito rapidamente. Mandela e alguns outros dirigentes, entre eles o comunista Joe Slovo, passam a noite inteira discutindo qual seria o passo seguinte. "Sabíamos que, de alguma forma, tínhamos que reconhecer o que havia acontecido e dar às pessoas um meio de expressarem sua revolta e sua dor." (Sampson, 1999, p. 190) É preciso desencadear ações espetaculares para recuperar a iniciativa.

Num primeiro momento, Mandela parece convencido de que o governo vai ceder e confessa seu otimismo a Anthony Sampson. (*Ibid.*, p. 131) Em 28 de março, a polícia anuncia que não prenderá mais ninguém por falta de *pass*. "Numa jornada de luto e protesto", os dirigentes do CNA, a começar pelo chefe Luthuli, queimam seus *pass* em público. As fotografias desse desafio sem precedentes ao Estado dão a volta ao mundo. Centenas de milhares de africanos imitam seus dirigentes. Há tumultos em muitas regiões e na Cidade do Cabo 50 mil pessoas se reúnem para protestar. O governo decreta estado de emergência e coloca o país sob lei marcial. Em 30 de março, à 1h30 da madrugada, Nelson é novamente acordado por violentas pancadas na porta. Ele sabe o que isso significa. Na delegacia de polícia do bairro, os que foram apanhados nos tumultos são colocados num espaço úmido e tão pequeno que são obrigados a ficar em pé. Depois são deixados sem alimento e, na noite seguinte, conseguem a muito custo alguns cobertores cheios de parasitas. Por volta da meia-noite, para seu espanto, são levados até a porta da cadeia aberta de par em par. Como foram detidos horas antes de o governo decretar o estado de emergência, estão presos sem fundamento legal. O Estado dos sem-direito, porém, é respeitador do direito, e por isso os detidos devem ser postos em liberdade. Os policiais esperam por eles lá fora e os libertos não dão nem dois passos, quando ouvem a fórmula: "Está preso em nome dos poderes que me são conferidos pelo estado de emergência".

Os prisioneiros são levados a Pretória, onde o julgamento do processo de alta traição ainda não terminou.

Presos ou não, são obrigados a comparecer diante dos juízes, o que não faz o menor sentido já que agora são prisioneiros do Estado, à mercê do governo. Quando o julgamento se reinicia, o Tribunal quer saber por que razão o chefe Luthuli, que deve continuar a depor, não se apresentou. Ele foi detido na véspera e, apesar da sua idade e dignidade, foi brutalmente espancado por um policial. Quando recebe a notícia, Mandela fica estarrecido: "Um homem excepcional, de imensa dignidade, doente cardíaco, cristão devoto, era tratado como um animal por seres que não eram dignos de amarrar os cordões de seus sapatos". (Mandela 1995, p. 293) No país inteiro, mais de 2 mil pessoas, homens e mulheres, de todas as raças e pertencentes a todos os movimentos *antiapartheid*, tiveram o mesmo destino. Vai longe o tempo das argúcias jurídicas sobre a violência e os projetos belicosos. O poder tem medo, e agora parte para o ataque. O CNA e o PAC são postos na ilegalidade em 8 de abril, onde permanecerão por três décadas: a partir de então, quem perseguir os objetivos dessas organizações estará sujeito a dez anos de prisão. O Exército entra em estado de alerta, os pontos nevrálgicos do território são vigiados e os reservistas convocados. Começou a guerra servil.

Os que se rebelam contra o *apartheid* são tratados como escravos nas masmorras, empilhados em celas minúsculas "imundas, com pouca luz e menos ventilação ainda". Em nome da dignidade, sua preocupação constante, Nelson se torna seu porta-voz para exigir condições de vida menos indecentes. Na prisão, as sutis diferenças relativas à cor da pele são talvez ainda mais ridículas do que fora dela. Os indianos, por exemplo, recebem, além da ração normal, cem gramas de pão e meia colher de açúcar. A teoria das cores é levada às raias do grotesco: os presos brancos recebem pão e açúcar brancos; os mestiços, açúcar mascavo e pão preto. Todos se queixam da má qualidade da comida e recorrem ao tribunal, que lhes dá razão: mais um exemplo do legalismo exacerbado dos anglo-saxônicos.

Nelson Mandela postula como princípio que, na prisão, ele e seus companheiros continuam a ser sujeitos de direito, já que a humanidade é inalienável e imprescritível. Diferentemente dos regimes totalitários, o poder sul-africano, apesar da sua brutalidade, proclama-se oficialmente cumpridor desses direitos. Alguns brancos vão mais longe: a esposa do juiz Bekker, uma "pessoa sensível às necessidades alheias", organiza, durante o estado de emergência, coletas para alimentar os presos. É apenas mais uma das esquisitices da situação: Mandela, por exemplo, é autorizado a ir passar o fim de semana em Johannesburgo. (Sampson, 1999, p. 127) Com efeito, o criminoso de Estado tem o direito e até mesmo o dever de resolver os assuntos de seu antigo escritório de advogado. Oliver Tambo deixou a África do Sul clandestinamente e ele, que comprou sua parte no negócio, não deve ser prejudicado por esse abandono. Todas as semanas, o prisioneiro deixa a papa fria de sêmola e volta a ser um honrado advogado com o seu terno de três peças; na África do Sul, Kafka e Courteline convivem em harmonia.

Os presos vêem com certo otimismo a situação em 1960, quando um vento de emancipação que ganha a força de um tornado varre as possessões e os protetorados europeus. *Afrika!* É o grito de união de um continente em ebulição onde os bebês passam a ser batizados de Kwame ou Jomo em homenagem a Nkrumah e Kenyatta, como salienta Anthony Sampson. (*Ibid.*, p. 135) No Natal desse ano, Nelson e Winnie dão à sua segunda filha o nome de Zindziswa, depois abreviado para Zindzi, em homenagem a um poeta xosa. O sinal mais animador vem de Londres. O primeiro-ministro Harold Macmillan oferece seu apoio sincero aos adversários do *apartheid*. Fala de um "vento novo" ou finge descobrir que "o hipopótamo preguiçoso acordou". Durante uma viagem à África, visita a República dos Africânderes e, embora com a devida cautela, não deixa de dizer o que pensa de sua política.

No tribunal, Mandela faz uma exposição magistral do seu pensamento, das suas motivações e da evolução das suas concepções. Nunca até então afirmara tão claramente sua dimensão política. Explica sua conversão ao multirracialismo e admite que sonhou com uma sociedade sem classes como a das democracias populares, mas que esse objetivo não é nada realista na África do Sul. "O senhor já foi comunista?", pergunta o advogado de defesa. Ele responde que se por isso se entende pertencer ao partido ou aceitar as teorias de Marx, Engels, Lênin ou Stálin, não foi. (*Ibid.*, p. 137) É verdade, mas, como diz Ben Turok, membro do Comitê Central na época, "se não estava conosco, estava muito próximo de nós". Seja como for, "a verdadeira obsessão com o comunismo que assola a África do Sul deturpa o sentido da pergunta". (Mandela, 1995, p. 300) O acusado não poupa o regime que combate: para ele trata-se de "fascismo" puro e simples, o governo "não hesitará em massacrar centenas de africanos". Infelizmente, ele está certo! O mínimo que se pode dizer é que Mandela não procura conquistar o tribunal ocultando suas convicções. Diante dos juízes, o combatente da liberdade se desdobra em tático do processo. A leitura de suas memórias nos mostra como ele e seus companheiros conseguem explorar os mil recursos que permitem prolongar o julgamento até a hipotética suspensão do estado de emergência. Como cada réu tem o direito de citar como testemunha cada um dos seus co-réus, todos se revezam na barra, num desfile que parece não ter fim. "A tática teve um resultado um tanto quanto cômico", observa Mandela, irônico. (1995, p. 317)

Finalmente, os juízes dão seu veredicto. Reconhecem que a acusação não conseguiu provar que o CNA era comunista nem que pregava a ação violenta. "Libertaram-se de seus preconceitos, da sua educação e do seu meio. Há um veio de bondade nos homens que pode estar enterrado ou escondido e aflorar inesperadamente." (Tutu, p. 22) Trata-se de "bondade" ou, mais simplesmente, de lucidez e consciência profissional? Anos mais tarde, quando a Comissão Verdade e Reconciliação é criada, cinco magistrados de alto nível reconhecerão que "o *apartheid* era, intrinsecamente e pela forma como foi aplicado, uma grave violação dos direitos humanos". (Mandela, 1995, p. 318) É possível acreditar que só então descobriam essa obviedade? Seja como for, o poder branco, desacreditado e humilhado por sua própria justiça, tira uma lição do ocorrido: "Não respeitará mais o que chama de sutilezas jurídicas que protegiam terroristas e garantiam certos direitos aos prisioneiros." (*Ibid.*, p. 323) Depois desse veredicto inesperado, enquanto seus companheiros festejam, Mandela tem "uma noite agitada, numa cama estranha", sobressaltado com cada carro que passa, convencido de que é a polícia que vem prendê-lo. Na manhã seguinte, entra para a clandestinidade. Bem-humorado, ele se felicita pelo fato de a metamorfose ser fácil para os negros. Praticamente eles não precisam se adaptar porque, sob o *apartheid*, não podem confiar em nada, "o que não é muito diferente de passar a vida na clandestinidade". Sua vida cotidiana muda, mas o medo e a incerteza do dia de amanhã persistem: "Eu me tornei uma criatura da noite. Durante o dia, ficava no meu esconderijo e, quando anoitecia, saía para fazer meu trabalho".

Começa sua vida de homem perseguido, semelhante àquela que levavam os membros da nossa resistência: deslocamento permanente, pernoitando em guaridas casuais. "Quanto ao amor, ah, nem é bom falar! Durmo no chão, em qualquer lugar", diz, no *Ajax* de Sófocles, um dos sitiadores de Tróia. Mas nessa vida de aventura também há um certo jogo que agrada o soldado das sombras: "Aparecia ora num lugar, ora em outro, para desespero da polícia e alegria do povo". Um dia, em Johannesburgo, está disfarçado de motorista, com o jaquetão e o boné característicos, quando um policial negro o aborda. Nelson teme pelo que possa acontecer, mas o homem, em vez de algemá-lo, sorri, ergue o polegar imitando a saudação dos militantes do CNA e vai embora. Não é o único a fazer esse perigoso jogo duplo. Um de seus colegas informa regularmente Winnie sobre os planos da polícia contra os opositores: "Avise o Madiba para ele não ficar em Alexandra na quarta-feira à noite, porque vai haver uma *blitz*." (*Ibid.*, p. 325)

"Madiba" dedica a maior parte de sua atividade clandestina à organização da "falta ao trabalho" de 29 de maio. De fato, não é possível cruzar os braços nas fábricas e, para desfiar o poder, os operários precisam ficar em casa. O governo teme esse tipo de movimento, desastroso para a economia. Responde com a detenção de dirigentes e uma espécie de custódia policial por doze dias. O PAC, que reprova toda e qualquer ação não-violenta, sabota a greve para atrapalhar os planos do CNA. "Uma coisa é criticar", escreverá Mandela, "e isso nós até aceitamos, mas tentar furar uma greve, insistindo para todos irem trabalhar, é algo que serve diretamente aos interesses do inimigo." (Sampson, 1999, p. 148) No dia da greve, milhares de trabalhadores "não-brancos" se arriscam a perder seu ganha-pão. Em Durban, os indianos não vão à fábrica; na Cidade do Cabo, os mestiços ficam em casa; e em Johannesburgo, metade dos empregados não comparece ao trabalho. Porém, esse notável ato de coragem coletiva, que acarreta incontáveis dramas individuais, tem vida breve. No segundo dia, Mandela suspende a greve, depois de uma reunião com outros dirigentes do CNA. Aos jornalistas simpatizantes com que ele se encontrou em segredo, garante que a greve foi um "enorme sucesso". Sem chegar a tanto, seu relativo fracasso já é um resultado considerável, e o cientista político Tom Lodge falará de um "grau de adesão surpreendente". (Mandela, 1995, p. 326) Mas isso não é o mais importante, o essencial é que essa via se mostrou ineficaz. A campanha de desobediência civil realizada alguns anos antes também começou bem, mas foi preciso acabar com ela antes da data prevista. Não vale a pena tentar uma terceira experiência: "Se a reação do governo é esmagar pela força bruta nossa luta não-violenta, temos de reconsiderar nossa tática", escreve Mandela. (*Ibid.*, p. 328) Aliás, ele já fez isso há muito tempo.

Num universo mental marcado por séculos de submissão, pela religião reformada e pelo pensamento liberal anglo-saxônico, o recurso à violência não é uma decisão fácil de tomar. Era certamente nela que Nelson pensava durante todas aquelas semanas em que, segundo Winnie, mergulhou numa reflexão tão profunda que nem sequer respondia às suas perguntas. Criar um exército secreto era uma tarefa aparentemente impossível. Como enfrentar os tanques e os helicópteros dos brancos? Espártaco também deve ter hesitado em lutar contra as legiões romanas. A luta armada levava inevitavelmente ao terrorismo, com a conseqüente morte de civis inocentes, mulheres e talvez crianças. Mandela não afirmou ao longo de todo o processo que o CNA era um movimento não-violento? Com sutileza de jurista, ele explica: "Para o movimento, a não-violência era um princípio inviolável, não uma tática que pudesse ser mudada conforme as condições. Eu pensava justamente o contrário: que a não-violência era uma tática que devia ser abandonada quando não funcionasse mais". (*Ibid., loc. cit.*)

Por isso, durante uma reunião secreta realizada em junho de 1961, ele propõe que se passe à luta armada. Moses Kotane, secretário do PC clandestino e membro influente do CNA, se opõe frontalmente à proposta. Não com argumentos morais, pouco usados num partido para o qual o amanhã feliz tudo justifica. Limitando-se ao terreno da eficácia, acusa-o de ter-se deixado desestabilizar pelo curso dos acontecimentos e de ter perdido o sangue-frio: "Ainda há lugar para os velhos métodos, se formos imaginativos e determinados. A violência só pode nos expor ao massacre". Nelson Mandela fica furioso ao constatar que não conta com o apoio de Walter Sisulu. Depois discute a sós com Kotane um dia inteiro. Cita o provérbio africano que diz: "Não se pode enfrentar o ataque de uma fera apenas com as mãos". Por fim, o comunista acaba aceitando colocar de novo a questão à direção nacional clandestina do

CNA. Diante do chefe Luthuli, contrário à violência por princípio, Mandela defende com veemência a luta armada. Diz que o momento é aquele e que, se esperarem mais, irão a reboque do movimento em vez de o liderar. Dividido entre seu pacifismo de essência religiosa e seu propósito de servir a causa da melhor forma possível, Luthuli hesita longamente.

No seu livro *An act of terror*, André Brink cria um diálogo fundamental entre um "terrorista" e a jovem "liberal" que lhe dá guarida na fuga:

> — Não entendo como alguém pode achar que a violência seja solução para alguma coisa!
>
> — Você acha que se pode falar em justiça excluindo sempre a violência?
>
> — Não me venha com essa história de que os fins justificam os meios!
>
> — Não, não vou insultar você a esse ponto.
>
> — E também não me diga que a violência do Estado justifica uma reação violenta. Se vocês recorrerem à violência, isso não os tornará tão maus quanto o inimigo?
>
> — Mas você há de concordar — respondeu ele — que vai uma boa diferença entre um incêndio florestal e o contrafogo que se ateia para impedir que ele se alastre.
>
> — O problema das metáforas é que elas nos afastam da realidade. Fogo é fogo. Com as pessoas é diferente, e, independentemente da sua intenção ao explodir a bomba, o fato é que ela matou gente! (Brink, 1991, p. 542)

Mandela sabe que precisará "matar gente". Defendeu a luta armada diante de Walter Sisulu em 1952, quando compreendeu que uma evolução pacífica "à indiana" era uma quimera e a África do Sul não tinha um Gandhi. A linguagem que se impõe é a de Churchill: só se pode esperar sangue, suor e lágrimas. Quanto a isso, nunca mudará de opinião. O grande político se recusa a se eximir das conseqüências das suas convicções, por mais penosas que sejam. É apaixonado sem ser cego, matreiro sem ser embusteiro, realista sem ser cínico.

Já de madrugada, Luthuli aceita que o CNA mude uma posição defendida há trinta anos. Um dos presentes ousa perguntar se, nas novas condições, pode continuar a ser o chefe do movimento e ele se zanga: "Se alguém pensa que eu sou um pacifista, experimente roubar minhas galinhas!". Mas ele impõe condições: a principal atividade continuará a ser política, a organização militar propriamente dita será independente do resto do movimento. Os atos de violência serão dirigidos exclusivamente contra o Estado opressor. Sua proposta é apresentada numa reunião secreta de todos os "não-brancos" e provoca forte resistência dos indianos que relutam em renunciar ao gandhismo. A situação interna e internacional é propícia a um endurecimento da luta. São cada vez mais numerosos os "cafres" que acham que qualquer coisa é preferível à situação presente. De todos os lados, indivíduos e pequenas organizações pedem armas.

No plano político, a conjuntura internacional torna essa opção menos arriscada. O poder branco está isolado: Harold Macmillan é cada vez mais sensível aos argumentos de Oliver Tambo, exilado em Londres. A África do Sul abandona a Commonwealth em março de 1961, depois de Verwoerd recusar a instalação de um alto comissariado negro em Pretória. Ao menos moralmente — já que os negócios continuam —, o país do *apartheid* está excluído da comunidade internacional. Apesar de pouco temível no plano estritamente militar, a luta armada pode causar um sério problema.

Mandela é incumbido de organizar e comandar o exército secreto, chamado de *Umkhonto we Sizwe*, "Lança da Nação", porque foi armados de azagaias que os africanos tiveram coragem de enfrentar as espingardas dos brancos. O novo general tem consciência da estranheza de sua promoção: "Eu, que nunca fui soldado, nunca lutei numa batalha, nunca atirei num inimigo, recebi essa incumbência". (Mandela, 1995, p. 331) Não importa, um grande ator deve representar todos os papéis e ele veste, de um dia para o outro, sem a menor dificuldade, a couraça de Espártaco. A legião aceitará soldados de todas as comunidades: o comandante recruta imediatamente seu amigo comunista Joe Slovo e outros membros do partido que já tinham realizado algumas operações de sabotagem. O especialista na matéria será Jack Hodgson, que na Segunda Guerra Mundial combateu no *front* europeu.

Em busca de uma tática que, como ele próprio disse a um jornalista amigo que o entrevistou em seu esconderijo, "torne impossível governar", o aprendiz de guerrilheiro age com o mesmo zelo metódico com que se dedicava ao estudo do direito. Arma-se de vasta e sólida documentação e se lança numa de suas maratonas de leituras teóricas para aprender a organizar, equipar e utilizar sobre o terreno grupos de guerrilha.

Para isso faz inúmeras anotações nas memórias dos generais bôeres da guerra contra os britânicos, nas obras de Mao Tsé-tung, Che Guevara e Fidel Castro. Não se limita aos contemporâneos e mergulha inclusive em Clausewitz, atraído por sua tese de que a guerra é a continuação da diplomacia por outros meios. Foi exatamente assim que passou do argumento ao fuzil. Interessa-o muito particularmente um livro de Menachem Begin, no qual aprende que é possível comandar um exército de guerrilheiros num "país sem montanhas e sem florestas, uma situação parecida à nossa". Depois reúne mapas e documentos sobre a infra-estrutura do país, seu sistema de transportes e seus pontos sensíveis.

Pensa no tipo de guerra que o exército "pequeno e inexperiente" que comanda vai fazer. Um combate frontal é obviamente impossível. Ainda é muito cedo para a guerrilha. Tudo aponta para a sabotagem como forma de reduzir ao mínimo as perdas humanas e incomodar o Estado. Por outro lado, "é a que oferece a maior esperança de reconciliação futura entre as raças". Embora eu saiba que essa frase foi escrita várias décadas depois, acho que Nelson Mandela tinha mesmo essa preocupação, que corresponde perfeitamente a sua integridade de caráter, a sua profunda honestidade e a sua atitude nobre. Por isso opta por "raides seletivos" contra instalações militares e centrais telefônicas. A insegurança resultante terá outra vantagem: a de provocar a fuga dos capitais estrangeiros. Organiza o MK (abreviatura de "Lança da Nação"), dotando-o de um alto comando nacional e de comandos regionais encarregados de escolher os alvos locais.

Como o bom aluno não pode negligenciar as tarefas práticas, Nelson não hesita, apesar da temeridade da sua atitude, em verificar pessoalmente a eficácia de um dispositivo de detonação, ao saber que Hodgson criara de forma artesanal uma bomba de efeito retardado com nitroglicerina e "o miolo de uma caneta esferográfica". Numa de suas freqüentes mudanças de esconderijo, vai morar na casa de um médico, onde dorme na ala dos criados e se faz passar por jardineiro quando aparece alguma visita. Em outubro de 1961, instala-se num sítio em obras na Rivonia, "subúrbio bucólico ao norte de Johannesburgo". Com seu macacão azul de empregado, passa por vigia do local, à disposição dos pedreiros africanos, que, nada sabendo sobre ele, chamam-no de "rapaz", mandam-no levar recados e varrer o lixo, e alguns o tratam como escravo. Depois de conhecer o desprezo racial, Nelson descobre o desprezo social, em nada melhor que o primeiro. Arthur Goldreich, pintor e militante do Congresso dos Democratas, instala-se na casa principal com a família para dar cobertura à atividade clandestina de Mandela. Winnie e os filhos o visitam, cercados de precauções, e ele se arrisca, mas vive momentos de felicidade. A maior parte das visitas, porém, é de companheiros de luta. Durante duas semanas, tem longas discussões noturnas — um branco não falaria em pleno dia com um empregado negro — com Michael Harmel, "brilhante teórico comunista".

Um dia o clandestino ouve no rádio que o chefe Luthuli acaba de ganhar o Prêmio Nobel da Paz. Fica radiante pelo fato de o Ocidente reconhecer sua luta em grande estilo. Mas a honraria chega em má hora: para o dia seguinte à volta do laureado ao país, o MK tinha planejado explodir bombas em diversos locais, desde centrais elétricas até edifícios públicos. Infeliz coincidência para o ilustre advogado da não-violência, mais ilustre ainda depois da consagração em Estocolmo! Nem se cogita mudar a data de 16 de dezembro porque esse é o dia em que os brancos comemoram a derrota do grande guerreiro zulu Dingane na batalha de Blood River, em 1838. O rio tingido de vermelho com o sangue dos africanos é, para os brancos, "a prova de que Deus estava do seu lado", e já está mais do que na hora de tirar essa idéia da cabeça deles. Milhares de panfletos são distribuídos pelo país inteiro: "Na vida de qualquer nação chega um momento em que restam apenas duas opções: submeter-se ou lutar. Esse é o momento da África do Sul". As bombas explodem por toda parte sem fazer vítimas, mas durante a operação um dos sabotadores morre por acidente. É a primeira vítima mortal da guerra servil. O poder qualifica a série de atentados como crime hediondo, mas ao mesmo tempo vê neles um risível fiasco pirotécnico, prova de que os "cafres" não sabem fazer nada direito, nem mesmo o mal. A violência da resposta, no entanto, mostra que nas altas instâncias o caso é levado a sério. A prioridade do Special Branch passa a ser a prisão dos membros do MK. "Queriam nos mostrar que nada os faria desistir de extirpar o que consideravam a maior ameaça à sua sobrevivência." Mas a verdade é que a etnia dominante "percebe que está sentada sobre um vulcão". (Mandela, 1995, p. 345)

Como vimos, Mandela não tinha ilusões quanto à conversão pacífica do inimigo e à possibilidade de evitar o confronto armado. Não se pode dizer o mesmo do Prêmio Nobel da Paz. Quando se encontra com Nelson num esconderijo, Luthuli o critica duramente, dizendo não ter sido consultado sobre a criação da "Lança da Nação". Esquecera-se das discussões de Durban, de sua negação do pacifismo e de ter dito que receberia a bala quem quisesse roubar suas galinhas. Os louros de Estocolmo tornaram a luta armada mais odiosa do que nunca para ele. Não a aceitou e não dará o braço a torcer.

É fundamental contar com ajuda do exterior, e o CNA, onde Mandela tem um peso cada vez maior, o incumbe de defender sua causa na conferência pan-africana de Adis--Abeba, em fevereiro de 1962. Poderá, assim, conseguir, junto aos Estados que acabam de se tornar independentes, dinheiro e armas para o MK. É a primeira vez que sai do país. O que mais o impressiona é uma visão fugaz que tem durante uma escala na Tanganica: "No terraço do hotel, encontramos um grupo de negros e brancos conversando calmamente. Eu nunca estivera num lugar público sem restrições de cor [...]. Embora eu continuasse ser um fugitivo procurado em meu próprio país, era como se tivessem tirado das minhas costas todo o peso da opressão". (Mandela, 1995, p. 350)

Depois do chefe Luthuli, é a vez de Julius Nyerere, grande figura da libertação africana e, ele também, um "homem sábio que falava baixinho", aconselhar Mandela a adiar a luta armada. Mas ele não se deixa convencer. Na Etiópia, sob sua verdadeira identidade, fala perante a assembléia geral, logo após do imperador. Agradece os Estados que apóiam seu movimento, para em seguida traçar a história da criação do MK, explicando "que todas as oportunidades de uma luta pacífica nos tinham sido negadas". Por fim, anuncia que voltará a seu país, notícia que é recebida com aplausos, mas que também desperta o vivo interesse dos informantes de Pretória presentes na platéia.

Finda a conferência, Nelson dá início a um grande périplo africano. Constata com satisfação que o combate dos negros da África do Sul é conhecido em todos os lugares. Recebe manifestações de simpatia e os chefes de Estado aproveitam sua presença para fazer contribuições financeiras. Visita sucessivamente o Egito "berço da civilização africana", a Tunísia e o Marrocos onde, na fronteira com a Argélia, olha pelo binóculo os soldados franceses em manobras: "Confesso que imaginei estar vendo as fardas da Força de Defesa sul-africana." O dr. Mustafá, chefe da missão argelina no Marrocos, apóia sua opção pela luta armada: "A guerrilha", explicou, "não se destinava propriamente a conquistar uma vitória militar, mas a mobilizar as forças políticas e econômicas que derrotariam o inimigo." (*Ibid.*, p. 360) Exatamente o que iria acontecer na África do Sul. Depois, Mandela retoma a viagem na companhia de Tambo: Mali, Senegal, Guiné — "Ficamos muito impressionados com Sekou Touré. Morava numa casa simples e usava um terno velho que sem dúvida precisava ir para a tinturaria" —, Serra Leoa. Consegue intercalar entre uma viagem e outra uma breve estada em Londres, levado pelo "desejo de ver o país de que tanto tinha ouvido falar". Por fim, volta à Etiópia, onde deve receber sua formação militar. Entrega-se seriamente a ela, aprende a atirar, a usar o morteiro e as técnicas de sabotagem. Seu exercício preferido é a marcha, porque nela descobre "uma belíssima paisagem com florestas densas e um planalto seco". Todos os dias, a partir das quatro horas da tarde, tem uma aula de "ciência militar" com um coronel. O aluno conta, com humor, que uma noite, durante o jantar, o oficial fazia uma sábia exposição sobre as características de um exército revolucionário, dizendo que "devemos nos comportar na base da perfeita igualdade, mesmo com as patentes mais baixas". São interrompidos por um sargento que vem pedir uma informação. "O coronel olhou para ele com mal disfarçado desprezo e disse: 'Não vê que estou falando com uma pessoa importante? Não sabe que não gosto de ser interrompido quando estou comendo? Fora já daqui!'. Em seguida, retomou sua explanação no mesmo tom didático."

Munido de alguns conhecimentos técnicos e de conselhos desnecessários sobre a melhor forma de comandar seus homens, o clandestino cruza a fronteira na companhia de um membro branco do MK. "Sentei ao volante disfarçado de motorista, e partimos para Johannesburgo." Durante a noite, respira fundo o ar da terra natal. Voltou a ser um fugitivo, mas se sente "profundamente aliviado por estar de novo na terra em que nasci e onde estava o meu destino". (Mandela, 1995, p. 373) Terá sentido um aperto no coração ao deixar a segurança do exílio? "Já que assim queres, vai!", diz Ismênia a Antígona. "Bem sabes que cometes um ato de loucura, mas provas tua dedicação por aqueles a quem amas." Nelson multiplica os contatos para concluir a formação de seu exército. Nesse seu novo papel, seu temperamento de ator não o abandonou; apresenta-se aos comandantes locais de barba crescida, camisa e calça cáqui e os saúda com um marcial "Salaam!". Ronnie Kasrils, um de seus homens, se lembra de que, nas reuniões de trabalho, "ele tinha a postura de um verdadeiro chefe e nunca sorria". Outro sabotador, Billy Nair, fica muito impressionado com seus conhecimentos em matéria de sabotagem. Não vai usá-los. Sua carreira de general clandestino está chegando ao fim.

Detalhe do busto de Mandela em Londres, inaugurado em 1985 na presença de Oliver Tambo.

Manifestantes *antiapartheid* ostentam retrato de Mandela durante o enterro de vítima
repressão policial, numa *township*, em setembro de 1981. © Bernard Bisson/Corbis Sygma/LatinS

:iva de apagar uma pichação pela liberdade de Mandela nos muros do King's College,
ımbridge, 1964. © Hulton-Deutsch Collection/Corbis/LatinStock

Nelson Mandela, já presidente da África do Sul, em visita a sua antiga cela em Robben Is

ATO III
Prometeu

És grande, e grande a prova que te espera!
Tua glória tocará os céus.
Eurípides, *As Bacantes*

Existe uma convenção, tão antiga quanto a arte dramática, que determina que todos os atos de uma tragédia devem ter a mesma extensão. Não fosse por isso, o ato que começa com a detenção do nosso herói seria muito mais longo que os outros. Ele passará 27 anos na prisão. Dolorosa eternidade em que o recluso provará que sabe sofrer com paciência e coragem, e o mesmo se pode dizer da maioria de seus companheiros de luta, pois foram raríssimos os que fraquejaram. Se este terceiro ato da Tragédia do rei Nelson é fundamental, como de fato é, o motivo é outro: Mandela sairá dessa fornalha transmudado, transformado na encarnação viva da nova África do Sul, garantindo um lugar ao lado de algumas figuras de proa de seus respectivos países: Toussaint-Louverture, Ataturk, Lincoln, Churchill, De Gaulle e Gandhi.

No domingo, 5 de agosto de 1962, em Durban, Nelson Mandela está contente ao entrar no carro para voltar a seu esconderijo de Johannesburgo. Na véspera reuniu seus homens e, depois de dar suas instruções, falou-lhes sobre sua longa viagem pela África: "Expliquei-lhes que, por enquanto, o MK se limitava à sabotagem, mas que, se a sabotagem não surtisse os efeitos desejados, provavelmente passaríamos à tática de guerrilha". (Mandela, 1995, p. 375)

Temerariamente, o fugitivo acabou a noite na casa de um simpatizante que era repórter fotográfico, numa *party* em que havia convidados que ele não conhecia. Não se deu nem sequer ao trabalho de se disfarçar para a viagem de volta. Seu auxiliar dirige o carro e os dois conversam sobre sabotagem quando, de repente, um Ford V8 "cheio de brancos" os ultrapassa pela direita, obrigando-os a parar. Ele percebe imediatamente que sua fuga chegou ao fim. O nome falso que dá ao sargento da polícia é recebido com um sorriso: "Não, você é Nelson Mandela, ele é Cecil Williams, e vocês dois estão presos".

Teria sido traído? Nunca saberemos, mas a manchete do *Sunday Times* — "Reds are suspected" —, quatro dias depois, dá a entender que sim. O comunista Joe Slovo garante "sentir nas nossas fileiras o cheiro de um Judas que não conseguimos identificar". Um quarto de século depois, o *New York Times* publicará o depoimento de um antigo agente da CIA que afirmava que a agência mantivera Pretória informada sobre cada um dos movimentos do clandestino. Lenda dourada de uma instituição que mais tarde mostraria seus limites no Iraque e em outros países? Mandela não acredita nessa história. Os sul-africanos não precisavam dos americanos para pôr fim à fuga de um homem que, como vimos, só tomava precauções mínimas e mantinha contato com muita gente.

A súbita perda da liberdade lhe causou uma espécie de choque: "Percebi", escreve Nelson sobre sua primeira noite na cela, "que não estava preparado para enfrentar a realidade da detenção e da cadeia". Quando, na manhã seguinte, o carro da polícia que leva os presos chega à periferia de Johannesburgo, o tamanho da escolta que vem a seu encontro é um sinal de que as autoridades sabem que fizeram um belo serviço. Já na cela, ouve, do outro lado da parede, uma tosse que lhe soa familiar. É Walter Sisulu, que também acaba de ser preso. Os dois amigos se consolam mutuamente. No dia seguinte, Mandela já recobrou a calma e uma testemunha, sem dúvida benevolente, o vê "traspassar o juiz com o olhar de um mangusto diante de uma serpente". No entanto, o tribunal recebe com deferência aquele advogado foragido da justiça que percorre o interior há mais de um ano. Em suas memórias, Mandela observa que alguns juízes estavam "pouco à vontade, não só porque eu era um colega em má situação, mas também por ser um homem comum punido por suas convicções". (Mandela, 1995, p. 380) Sua tática está definida: usar o julgamento como vitrine e fazer a chamada "defesa de ruptura".

O primeiro libelo acusatório é relativamente moderado: Nelson é acusado de incitação à greve e de ter deixado o país sem autorização. Fica evidente que ignoram sua atuação "militar". Os africânderes aprovaram no mês anterior uma lei sobre sabotagem que prevê a pena de morte, mesmo quando os danos causados sejam apenas materiais. Na galeria reservada ao público, ele vê Winnie, que "parecia preocupada e abatida". Para a militante e esposa, começam anos de provação e, como diz Mandela, o largo sorriso que ele lhe dirige ao passar não a ajudará muito.

Quando torna a entrar na viatura de polícia, centenas de africanos o aclamam aos gritos de "O poder é nosso!". Sua prisão foi manchete em todos os jornais. Alguns dias depois, Winnie é convidada para abrir a conferência anual do Congresso da Juventude Indiana do Transval: "Os jornais só falavam da sua beleza e da sua eloqüência". Assim se forma, aos olhos da opinião pública, um desses casais notáveis que, seja na política ou no meio artístico, têm a celebridade garantida. Em seguida, Nelson é transferido para Pretória. Ainda está apenas em prisão preventiva e é tratado com alguma consideração. Pode preparar sua própria defesa, e as notícias que recebe do exterior o animam. O CNA clandestino manda imprimir panfletos. "Mandela na prisão é o povo atrás das grades." A lenda ganha corpo. "Aqueles panfletos", observa Anthony Sampson, "lançavam a nova imagem de um fora-da-lei, inimigo da concessão, lutador que simboliza por si só a unidade do seu povo." E no não menos clandestino jornal do PC, o *African Communist*, de outubro de 1962, lê-se que: "Acaba de surgir na África do Sul um novo tipo de líder. Chegou a esse papel importante promovendo a unidade da luta do povo, a unidade de todos os africanos, a unidade de todos os grupos nacionais, a unidade entre comunistas e não-comunistas na luta pela liberdade". É assim que a História o julgará. (Sampson, 1999, 174)

Quando, na segunda-feira, 15 de outubro, o julgamento tem início, numa antiga sinagoga, Mandela aparece vestindo a indumentária adequada a seu papel de chefe rebelde acusado, o *khaross* tradicional xosa de pele de leopardo. Na entrada da sala de audiência, ele ergue o punho direito e grita: "*Amandla!*". Na galeria, Winnie, a caráter, de turbante de pérolas e usando a longa túnica das mulheres de sua etnia, está deslumbrante. O acusado saúda dois velhos conhecidos, o promotor Bosch e o juiz Von Heerden. Independentemente do papel que cada um representa, eles continuam a ser colegas! Mas uma coisa precisa ficar bem clara: não é seu julgamento que vai começar, mas o do Estado.

Uma semana depois, se dá o momento propício a um daqueles grandes monólogos do teatro clássico em que o herói relembra seu passado para expor suas intenções, numa espécie de autobiografia moral. O tom é dado logo de saída: "Há muitos anos, quando eu era criança na minha aldeia do Transkei, ouvia os velhos da tribo contarem histórias sobre os bons tempos anteriores à chegada dos brancos". Ao longo de sua defesa, ressalta, como bom jurista que é, a elementar falta de lógica de uma situação considerada normal por seus acusadores: "Sou acusado de ter incitado o povo a infringir uma lei de cuja aprovação nem eu nem meu povo participamos [...]. Por que neste tribunal estou diante de um juiz branco, sou confrontado por um promotor branco e escoltado por guardas brancos? [...] Por que na história deste país nenhum africano jamais teve a honra de ser julgado pelos seus, por alguém de sua carne e de seu sangue?". Quando a ordem pública é subvertida, o resultado é a rebelião: "Acontece, como no meu caso, de negarem a um homem seu direito de levar uma vida normal, de obrigá-lo a levar uma vida de fora-da-lei pela simples razão de o governo ter decretado, em nome da lei, que era preciso colocá-lo fora da lei". (Mandela, 1985) E ainda esse impressionante resumo da situação: "A vida inteira de qualquer africano que pense leva-o constantemente a um conflito entre sua consciência, de um lado, e a lei, do outro".

Recorrendo a um argumento que pode parecer estranho, o acusado explica que enviou uma carta ao primeiro-ministro pedindo que convocasse uma convenção nacional de todos os sul-africanos e comunicando que, caso se recusasse a fazê-lo, apelaria à greve. Quer que se registre nos autos que Verwoerd foi "incorreto em não responder a uma carta que levantava questões vitais para a imensa maioria do país". A meu ver, o propósito de Mandela era postular publicamente um princípio. Sem a menor ilusão, insiste em lembrar a lei fundamental da vida em sociedade: o governado tem o direito de ser ouvido pelo governante, e sua queixa, procedente ou não, deve receber uma resposta fundamentada. Todo poder legítimo tem obrigação de explicar suas decisões a seus representados. Isso se chama democracia.

O discurso causa forte impacto: "É triste ter de pedir à Corte que o mande para a prisão", diz o próprio promotor Bosch, ciente da estatura daquele acusado incomum. Mas a razão do mais forte sempre vence. O ministro da Justiça, John Vorster, proibiu os jornais de publicarem o discurso de Mandela, para não dar publicidade aos acusados. No final do julgamento, o juiz — com ingenuidade ou sarcasmo autocrítico — lembra-o de que não se deve esperar nada da sua justiça: "Vivemos em circunstâncias excepcionais e difíceis. Se a lei e a ordem não forem mantidas, instaura-se a anarquia. O Tribunal não se ocupa de política, mas apenas da manutenção da ordem". (Mandela, 1985, p. 53) Não poderia ter sido mais claro. "Circulando, que aqui não há nada para ver!", dizem mais simplesmente os guardiães da ordem nas comédias de Labiche. Nelson Mandela é condenado a três anos de trabalhos forçados por incitação à revolta e a dois anos por ter saído da África do Sul sem autorização, sem acumulação de penas.

Conduzido imediatamente à prisão de Pretoria Local, "sinistro mostrengo de tijolo aparente", é despojado do seu belo *khaross*. Inicia-se então uma batalha aparentemente insignificante, mas de fundamental importância no plano simbólico. O preso exige calças compridas em vez do calção regulamentar. Levará três anos para consegui-las. É de calção de brim que ele passa semanas no mais completo isolamento, trancado 23 horas por dia, sem luz natural nem relógio. "Conheci homens que prefeririam levar umas tantas chibatadas a ficarem trancados sozinhos. Depois de algum tempo na solitária, até a companhia dos insetos da cela me agradava." (*Idem*, 1995, p. 402) Nada mudou; é como se estivesse na época de Silvio Pellico, amestrando uma aranha na sua cela de Spitzberg. Nelson protesta e recebe permissão para juntar-se aos outros presos no pátio. Da prisão dirá, depois de uma experiência mais prolongada, que era "uma espécie de cadinho que fazia emergir o caráter de alguém. Alguns homens quando estão presos demonstram muita coragem, já outros revelam ser menos do que aparentam". (*Ibid.*, p. 550) Tem oportunidade de conversar com seu adversário, Robert Sobukwe, chefe do PAC e autor da famosa palavra de ordem "Liberdade em 1963!". O ano é 1963, mas não é o momento de zombar de um profeta fracassado.

Numa noite de maio, um guarda entra na cela e ordena a Mandela que arrume suas coisas. Ele é algemado a outros dois presos e os três são jogados num furgão sem janelas que chega à Cidade do Cabo no fim da tarde do dia seguinte. "Não é uma tarefa muito fácil para homens algemados fazer suas necessidades dentro de um balde num veículo em movimento", observa Nelson, sempre pronto a encarar as situações mais difíceis pelo viés do humor. Os prisioneiros são levados para a ilha Esquithini. Era assim que os xosas chamavam a estreita faixa de rocha batida pelos ventos que fica em frente à Cidade do Cabo. Foi lá que os britânicos confinaram, nos anos 1820, o chefe do exército xosa, Makana, que morreu afogado ao tentar fugir. Mandela sabe que pertence a uma tradição de luta e isso só aumenta sua coragem. Talvez tenha lido a divisa africânder que encima o pórtico por onde se passa ao sair do minúsculo porto da ilha: "Robben Island. Aqui servimos com orgulho".

O lugar não é nem um pouco atraente. Um funcionário recém-nomeado descreve-o da seguinte forma: "As instalações da prisão emergem da bruma e formam um emaranhado de construções baixas, muito baixas, parecidas aos estábulos das fazendas da minha infância, dominadas por quatro torres de vigilância, tão altas e visíveis quanto o farol. Na entrada principal um canhão de eixo duplo da Segunda Guerra Mundial, apontado para o mar e rodeado por uma mureta pintada de branco ocupa lugar de destaque". (Gregory, p. 20) O local, fadado à desgraça, abrigou em outros tempos uma colônia de leprosos e em seguida um hospício. Depois de Sharpeville e das ondas de prisões que se seguiram, o governo, por falta de instalações penitenciárias, transformou a ilha num presídio e transferiu para lá a escória dos funcionários.

A recepção é aterrorizante. No cais, os guardas gritam: "Vocês vão morrer aqui!" e *haak! haak!*, palavra africâner usada para tanger o gado. Os recém-chegados recebem ordem de correr. Nelson sussurra ao companheiro a seu lado que se aceitarem aquela primeira exigência ficarão à mercê dos guardas. Um deles berra: "Não estamos brincando, homens! Nós vamos matar vocês e suas mães, suas mulheres e seus filhos nunca vão saber o que aconteceu! É a última vez que eu falo! *Haak!*".

Há em Robben Island cerca de mil presos, todos eles africanos. Para cumprir sua primeira tarefa de forçado — cobrir de terra uma tubulação — Nelson tem de subir numa pequena elevação de onde vê "uma parte da ilha, selvagem e muito bonita". Mas não tem tempo de parar para admirá-la: os trabalhos forçados fazem jus ao nome e, mal o ritmo diminui, o guarda fustiga os presos: "*Kom aan! Gaan aan!*" (Rápido! Anda!). "Fazia isso rudemente, como quem tocasse um cavalo ou uma vaca." (Mandela, 1995, p. 415)

Os dirigentes do CNA, do PAC e do Congresso Indiano tratados dessa forma são a elite intelectual e moral de suas comunidades. Um dos chefes do PC foi professor de africâner e fala perfeitamente essa língua e sua respectiva matriz, o holandês. "Falava com os guardas num tom condescendente e numa linguagem empolada que eles provavelmente não entendiam." A um deles que o incomoda com grosseiros barbarismos, Steve responde: "Seu ignorante que nem sabe falar sua própria língua direito!". "Não estou disposto a ser maltratado, sua obrigação é agir dentro da lei", diz por sua vez Nelson a um dos capangas. Sua primeira estada na ilha prolonga-se por algumas semanas, mas lhe permite, de uma vez por todas, coadunar sua atitude a um princípio: "O comportamento dos guardas é determinado pela atitude dos presos em relação a eles." (Sampson, 1999, p. 182) Mantendo contra vento e maré sua exigência de ser tratado como um ser humano, percebe que se esqueceram de lhe entregar sua ração diária, bate na porta da cela e o carcereiro aparece: "— Guarda, não recebi o jantar. — Você deve me chamar *baas* [patrão]! — gritou. Naquela noite fui dormir com fome". (*Ibid.*, p. 420)

Felizmente para ele, há alguns seres humanos infiltrados na administração penitenciária. Um guarda mestiço lhe traz notícias de Winnie e fornece aos presos, se arriscando muito, sanduíches e fumo. Mandela e seus companheiros descobrem que há muitos militantes jovens do PAC entre os presos: "Tio, a que organização você pertence?" — pergunta um deles. Sua resposta "causa consternação". Disseram-lhes que Nelson se filiara a seu partido durante sua viagem ao exterior. Como de costume, Mandela tira do incidente uma lição de caráter geral: "Em política, nunca se deve subestimar a desinformação das pessoas sobre uma situação". (Mandela, 1995, p. 419) Mais uma vez, minha experiência pessoal me obriga a concordar com ele.

Certa manhã de julho de 1963, ao cruzar num corredor da prisão com o antigo "capataz" da fazenda de Rivonia, Nelson se dá conta de que esse esconderijo campestre foi descoberto pela polícia. Isso significa, sem sombra de dúvida, que as autoridades já sabem de suas atividades de chefe do exército secreto. Dois dias depois é chamado no gabinete do diretor, onde encontra uma parte do estado-maior da "Lança da Nação", todos acusados de "sabotagem" e que devem ser julgados por isso. Pouco a pouco, Nelson foi se inteirando dos detalhes da catástrofe: no dia 11 de julho, dezenas de policiais armados e acompanhados de cães invadiram a fazenda. Não encontraram armas, mas confiscaram centenas de documentos, incluindo o plano da "Operação Mayibuye para a guerra de guerrilha na África do Sul". Na *blitz*, a polícia prendeu todo o alto comando do MK. "Pensando bem, é incrível que a fazenda não tenha sido descoberta antes", observa Nelson, em tom filosófico.

Até esse momento, havia cumprido apenas nove meses de sua pena de cinco anos, mas nada indica que chegará ao fim: entre ele e a liberdade ergue-se a forca. O advogado dos sabotadores, Bram Fischer, não esconde que esse é o fim provável. Uma noite, um guarda, sarcástico, bate à porta da sua cela: "Mandela, não precisa se preocupar com o sono. Você vai dormir por muito, muito tempo". No dia 9 de outubro de 1963, tem início em Pretória o julgamento do "Processo contra o Alto Comando Nacional e outros", que ficará na História como o Julgamento de Rivonia. O palácio da Justiça, cercado por uma multidão imensa e solidária, fervilha de policiais armados porque, algumas semanas antes, ocorreram algumas fugas espetaculares, entre as quais as de Arthur Goldreich e Harold Wolpe, que conseguiram a proeza, disfarçando-se de padres: "Foi uma vergonha para o governo, mas elevou nosso moral", comenta Nelson, sempre irônico. Mesmo ameaçado de morte, não deixa de fazer a apreciação profissional dos homens da lei com quem tem de se haver. Ele me faz lembrar o ator que julga a distribuição de papéis da peça e a competência do seu diretor. Aliás, ele próprio fala do "lado teatral do julgamento". O juiz Quartus de Wet, "na sua esvoaçante toga vermelha", tem um "rosto impassível" e se mostra "um tanto impaciente", mas não é "um lacaio do governo". O promotor é o dr. Percy Yutar, "um sujeito baixo, calvo e vivo, que quando se irritava ou se emocionava tinha uma voz esganiçada". É "um pouco teatral e tende a usar uma linguagem empolada e nem sempre muito precisa".

O libelo acusatório refere cumplicidade em mais de duzentos atos de sabotagem, e o promotor pinta um quadro apocalíptico das intenções dos acusados: planejavam armar "milhares de grupos de guerrilha", ponta de lança de uma revolta a que se seguiria uma invasão militar de uma potência estrangeira. Aproveitando-se do caos reinante, instalariam um "governo revolucionário provisório para assumir o controle do país, sob o comando do CNA e do

Partido Comunista". Essa avaliação lisonjeira das possibilidades da "Lança da Nação" deve ter provocado no seu chefe um sorriso amargo. Mas Bram está muito pessimista: dá como certa a condenação à morte.

Nos três meses seguintes, a acusação junta ao processo milhares de documentos e chama 173 testemunhas para depor. A principal delas, Bruno Mtolo, um zulu de Durban, líder da MK na região do Natal, é um "sabotador experiente" que diz ter mudado de lado quando se deu conta de que sua ação era dirigida pelo Partido Comunista. Mandela, garante ele, "nos disse que devíamos ser bons comunistas". Mandela comenta o fato, num de seus inimitáveis *understatements*: "Trair tantas pessoas, muitas das quais inocentes, me pareceu imperdoável". Há casos em que o senso de humor é um efêmero antídoto contra o desespero. Mandela e seus companheiros são vigiados por Swanepoel, um brutamontes da Special Branch que acha que os réus estão sempre caçoando dele, e os acusados lhe aprontam uma estudantada: passam, às escondidas, um papel que o guarda confisca e vai ler fora da sala. Volta para dentro furioso, com o bilhete que diz: "O Swanepoel não é mesmo bonitão?".

Em suas discussões diárias com os demais acusados e com o pequeno grupo de advogados amigos, Mandela continua a se impor pela competência jurídica, serenidade e autoridade natural. Aos 46 anos, está no seu auge, como constata um de seus co-réus, Joel Joffe: "Ele se destacava naturalmente como nosso líder. A meu ver, tem todos os atributos para isso: o carisma, a habilidade, a estatura, a calma, a diplomacia, o tato e a força da convicção". (Sampson, 1999, p. 191) É pois no papel de herói principal da tragédia que, em 20 de abril de 1963, Nelson diz seu segundo grande monólogo. Preparou-o com todo o cuidado, com a colaboração dos companheiros. Seu biógrafo, na época correspondente do *Observer* de Londres, lembra que ficou tão impressionado quando o viu entrar sorrindo na sala de audiências que "involuntariamente" ergueu o punho, "o que deixou os guardas que nos rodeavam no maior alvoroço". (*Ibid.*, p. 192) Esse gesto instintivo de um estrangeiro não-militante é muito revelador do forte impacto que, já na época, a imagem de Mandela causava. Também nesse caso a referência teatral se impõe, pois a maneira como Nelson, muitos anos depois, conta sua entrada em cena como herói romântico que reivindica orgulhosamente seu estatuto de exceção é digna de *Hernani*:

> Eu me levantei, encarei o tribunal e comecei a ler meu depoimento lentamente:
>
> Sou o primeiro acusado.
>
> Sou bacharel em direito e exerci a advocacia, por vários anos, em Johannesburgo, com meu sócio o dr. Oliver Tambo. Atualmente estou preso, cumprindo uma pena de cinco anos [...]. Admito que fui uma das pessoas que ajudaram a formar o Umkhonto we Sizwe (Lança da Nação), onde desempenhei um papel importante até ser preso em agosto de 1962.

E, no epílogo, parece que ouvimos um ator relatando uma performance gloriosa:

> Quando encerrei minha fala, simplesmente me sentei. Não me voltei para a galeria, embora sentisse todos os olhares cravados em mim. O silêncio pareceu prolongar-se por alguns minutos. Mas, na realidade, talvez não tenha durado mais do que 30 segundos e depois ouvi um som vindo da galeria, algo parecido a um imenso suspiro, seguido por um soluço de mulher. (Mandela, 1995, p. 447)

O discurso durou quatro horas. Nesse aspecto, o leitor atento de Fidel Castro se mostrava à altura de seu modelo. O promotor Yutar sofria em silêncio, porque não tinha o direito de interromper o acusado. Este não negava seus atos de sabotagem e pretendia provar que não havia outra solução senão a luta armada. "Eu ainda disse que a sabotagem era o caminho mais promissor para as futuras relações raciais." (Mandela, 1995, p. 441) Imagina-se que, nesse momento, a cabeça calva do promotor tenha adquirido uma coloração violácea! Tudo indica que o discurso era dirigido mais à História do que ao tribunal. "Talvez não seja fácil para este tribunal entender, mas o fato é que já havia muito tempo o povo vinha falando em violência, falando do dia em que lutaria com os brancos, enquanto nós nos esforçávamos para fazer prevalecer o recurso aos meios pacíficos [...]. No início de junho de 1961, depois de uma longa e detida análise da situação, chegamos à conclusão de que os dirigentes africanos dariam provas de pouco realismo e perspicácia se continuassem a pregar a paz e a não-violência quando o governo respondia aos nossos apelos pacíficos com a força." (*Idem*, 1985, pp. 66-67)

Sempre lembrando que, apesar de seu interesse pela análise marxista das relações sociais nunca foi comunista, Mandela não hesita em proclamar sua admiração por um partido que "foi por várias décadas o único grupo político da África do Sul disposto a tratar os africanos como seres humanos e como iguais". Elogio insuportável aos ouvidos dos magistrados africânderes, constantemente colocados diante de seu racismo com uma perfeita e ultrajante urbanidade: "Talvez os sul-africanos brancos, que têm um arraigado preconceito contra o comunismo, tenham dificuldade em entender por que políticos africanos experientes aceitaram tão prontamente os comunistas como amigos". (*Ibid.*, p. 93) Mais uma vez admiro o papel que a amizade desempenha na vida desse homem. Ao contrário do que muitas vezes se pensa e se diz, a política não é só enfrentamento de gélidas ambições que disputam entre si o "monstro frio" que é o Estado. Ela pode e deve ser outra coisa: cumplicidade auspiciosa, camaradagem fecunda, trabalho em comum de amigos e irmãos fiéis a um ideal que transcende seus egoísmos e suas carreiras. Se fosse apenas a caricatura de si mesma, merecia ser vivida?

No final das contas, o longo discurso de Nelson Mandela à sombra da forca, uma exposição clara, solidamente fundamentada, corajosa, despida de ódio ou de excessos, se revelaria "o mais eficaz de toda sua carreira política, aquele que o identificou como o líder não só do CNA, mas de toda a oposição multirracial ao *apartheid*. Os chavões anticolonialistas dos discursos anteriores tinham dado lugar, desta vez, a uma análise pessoal muito mais ponderada". (Sampson, 1999, p. 194) Apesar da proibição, o texto foi amplamente divulgado, e o *Rand Daily Mail* o publicou praticamente na íntegra. Os diplomatas ocidentais presentes à audiência foram obrigados a rever a opinião simplista segundo a qual o principal réu era "manipulado" pelo PC. "Queiramos ou não, Mandela está se tornando uma figura popular em todo o continente", escreveu o serviço de informações britânico.

Os advogados devem ter tremido sob suas togas ao ouvir as palavras finais de seu ousado cliente e colega: "É um ideal pelo qual estou disposto a morrer se for preciso". Os juízes iriam tomá-las como uma provocação ou um convite?

O orador não falava irrefletidamente, redigira numa folha de papel o que pensava dizer antes que o nó corrediço o calasse para sempre: "Pensei muito em tudo o que disse [...]. Neste país, muitos foram os patriotas que derramaram seu sangue somente para pedir um tratamento condigno aos parâmetros da civilização". (Sampson, 1999, p. 196)

O julgamento de Rivonia terminou em 11 de junho de 1964 com a leitura do veredicto, onze meses e um dia depois de a fazenda dos conspiradores ter sido descoberta. Os réus foram declarados culpados de todos os crimes de que eram acusados: no sistema anglo-saxônico em vigor, a pena só era determinada numa segunda fase. Tudo levava a crer que seriam condenados à morte. Os acusados se reuniram e decidiram que, nesse caso, não recorreriam. "Achávamos que uma apelação enfraqueceria a postura moral que tínhamos adotado. Não queríamos comprometer o movimento de massas que certamente surgiria se fôssemos condenados à morte." Vale saudar, de passagem essa rara decisão de perfeito e tranqüilo heroísmo, que deixou os advogados pasmos. E também aqui a referência teatral — de um teatro desafetado, por certo — se faz presente: "Pensei naquele verso de Shakespeare que diz: 'Tende a morte como certa; assim, tanto a morte quanto a vida vos serão mais doces'".

Somente um dos nove acusados foi absolvido. Os outros — seis africanos, entre os quais Mandela e Sisulu, um indiano e um branco — foram condenados à prisão perpétua. Escaparam da forca contra toda a lógica. Walter Sisulu ficou tão feliz que parecia ter sido declarado inocente. "Estou convencido", dirá Oliver Tambo, "de que os protestos mundiais que o julgamento de Rivonia provocou livraram Mandela e seus amigos da pena de morte." (Mandela,

1985, p. 110) Os embaixadores da Grã-Bretanha e dos Estados Unidos, de comum acordo, optaram por não intervir, temendo piorar as coisas. A decisão de Mandela de não recorrer aumentou ainda mais seu prestígio e sua grandeza. O Ocidente começou a vê-lo como o homem do futuro diálogo entre brancos e negros. "Voltou para a prisão com a glória do líder e a auréola do mártir." (Sampson, 1999, p. 199)

Pouco importam as reservas que essa constatação traz consigo. É verdade que o condenado não se revelou um grande chefe militar; sua organização improvisada ainda está muito longe de ser uma força coesa e disciplinada. Resta a imagem: "O chefe dos voluntários do desafio, o orador militante acusado de traição, o patriota tribal com seus trajes africanos, o comandante dos guerrilheiros vestidos de brim e revólver na cintura. Essas imagens eram mais teóricas do que reais, mas o simbolismo, o exemplo, os trajes, a forma de representar o papel eram essenciais para quem personificava dramaticamente o seu povo", observa Anthony Sampson. (*Ibid., loc. cit.)*

Foi esse o resultado dos dois julgamentos. Como Prometeu, ao transmitir a seu povo a certeza da liberdade, Mandela cometeu o crime supremo: roubar o fogo dos deuses. Agora devia ser castigado. É transferido de Pretória para Robben Island com seus companheiros. Curiosamente, é o único que não é algemado antes de entrar no avião. O tenente que o acompanha é simpático e prevê que ele não cumprirá mais do que cinco anos de pena: "As garotas vão esperar por você". Será que há brancos que intuem que ele é ao mesmo tempo o problema e a solução? De volta à Ilha do Diabo sul-africana depois de dois anos de ausência, ele a encontra ainda mais inóspita.

Começam os 27 "anos sombrios" — ele detesta essas palavras rimbombantes. É impossível descrever um período tão longo. O que fica dessa interminável seqüência de dias idênticos é apenas um cenário e os estilhaços de uma eternidade fragmentada. No pavilhão B, reservado aos presos políticos, há trinta celas quadradas com duas portas. Uma, de grade, do lado de dentro, e a outra, de madeira muito pesada, do lado de fora. O compartimento, de cerca de três metros por três, tem uma pequena janela que dá para o corredor. A cela de Mandela é a quarta do lado direito. Tem na porta a matrícula 466/64, o que quer dizer que o seu ocupante foi o 466º preso registrado em 1964. Dá para o pátio, sem vista, portanto, e a esteira de sisal que é usada como cama fica, durante o dia, enrolada num canto à direita com três minúsculos cobertores cinza. No canto oposto há um balde que serve de privada. Sua tampa, quando baixada, faz as vezes de assento.

Os presos se levantam às 5h30. São levados, diariamente, a uma pedreira de calcário, acorrentados aos pares. O local, onde segundo a expressão consagrada "quebram pedra", é um círculo do inferno de Dante, uma fornalha pavorosa, e os raios de sol, refletidos na pedra de um branco ofuscante, queimam os olhos, provocando dolorosas conjuntivites. Mesmo assim, Mandela prefere essa atividade ao ar livre à deprimente reclusão. Quando chegam ao fundo da pedreira, os guardas tiram suas correntes e gritam para forçar um ritmo acelerado. Ao meio-dia, chega o almoço: papa de arroz e sopa. O acontecimento da semana é o serviço religioso, obrigatório porque "os africânderes levam a religião a sério", o que nos proporciona esta pequena tirada irônica: "Tínhamos a impressão de que a alma imortal deles corria perigo se não nos dessem o benefício do culto dominical". No entanto, nos dois primeiros anos, os presos não tinham permissão para sair da cela e o pastor fazia a pregação no fim do corredor.

Mandela reativou o sistema de defesa do seu primeiro período de prisão. Em primeiro lugar, evitar o menor sinal de submissão: dá instruções para que nunca ninguém trate os carcereiros por *baas*, como eles exigem. Não, eles não são "patrões". Há presos que não se atrevem a levar tão longe a insolência e optam por pronunciar entre dentes um *bas* que consideram ser a primeira sílaba de *bastard*. Quando, em outubro de 1964, Georges Bizos, um dos seus advogados, é autorizado a visitá-lo, vê o preso chegar em seu mísero traje, de calção e sandálias, rodeado por oito guardas armados. Mas aquele homem miserável caminha com passo tranqüilo, de cabeça erguida, e se aproxima do amigo mostrando sua escolta com um amplo gesto do braço: "Georges, te apresento minha guarda de honra".

A monotonia dessa existência só é quebrada pelas habituais cenas de sadismo. Ao voltar da pedreira, os presos "têm de seguir por um caminho muito estreito. À frente vão os guardas, armados de escopetas, e atrás os vigilantes, com pastores alemães. Uma das maiores diversões dos guardas consiste em obrigar os presos acorrentados a correr pelo caminho estreito. Claro que basta um cair para arrastar todos os outros. Então são atacados pelos cães que os mordem até sangrar". O guarda Kleinhans, a quem um dos presos teve a impertinência de pedir água, manda-o cavar uma cova, "diz aos outros presos que o cubram com terra e pedras, depois abre a braguilha e urina no rosto dele, tripudiando: 'Está com sede, preto? Então bebe, seu porco! Não vai achar uísque melhor do que este!'". (Gregory, p. 121) A linguagem dos guardas é um "autêntico catálogo de imundícies: 'Seus cafres escrotos! Cambada de viados! Filhos-da--puta! Pretos de merda!'". Em 1965, durante as horas de trabalho, são colocados com os presos comuns, que insultam e maltratam seus companheiros de infortúnio. A direção recua da sua decisão: volta a isolar os *poqos*, temendo sua má influência sobre os ladrões e criminosos. Em compensação, deixa todos os presos políticos juntos, sem se preocupar com o fato de eles terem, no passado, pertencido a movimentos rivais porque "é melhor guardar todos os venenos na mesma garrafa", na curiosa expressão de um dos presos membro do PAC.

Em dezembro de 1966, chega à ilha um novo guarda. James Gregory não é racista. Cresceu entre os zulus e fala sua língua fluentemente. É encarregado de ler e censurar a correspondência dos presos. Como esperava encontrar terroristas ferozes, fica impressionado com os "cafres" que dão voltas no pátio: "Não consigo parar de olhar para o Mandela. Parece mais ereto e mais alto do que os outros. Mesmo na sua miserável roupa de prisioneiro, esse sujeito é diferente. Salta aos olhos que ele é o chefe do grupo. Enquanto caminham, olhando à frente ou com os olhos pregados no chão, os homens, um a um, se aproximam para falar com ele. Ele os ouve, acena com a cabeça ou responde em tom grave, discute um pouco e depois é a vez de outro se aproximar". (*Ibid.*, p. 106)

O espanto do recém-chegado não pára aí. Quando, de serviço nessa mesma noite, passa em frente das celas vizinhas de Mandela e de Sisulu, estes o cumprimentam educadamente e o homem fica boquiaberto com a conversa dos presos: "Esperava ouvir queixas e as eternas recriminações. Mas não. Nada disso. Esses homens falam de religião, de física e química, de problemas sociais, de literatura e de arte". (*Ibid.*, p. 107) O livro-testemunho de James Gregory padece de uma certa complacência, ao se arrogar o papel do "amigo branco", para não dizer do confidente, do "seu" ilustre prisioneiro. Mais grave ainda: o autor reproduz conversas tidas por ocasião das visitas de pessoas próximas do prisioneiro, que ouve na qualidade de guarda e, portanto, não tinha o direito de divulgar. A família de Mandela, irritada com essa atitude, tentará convencê-lo a pedir a apreensão do livro. Conciliador, ele se recusará a fazer isso, preferindo guardar apenas a lembrança da amizade que aquele carcereiro bem intencionado lhe dedicou. Irá até convidá-lo para as comemorações da independência, sem nunca fazer alusão às suas indiscrições nem às suas fanfarronices.

A bíblia penitenciária, o "Regulamento B", foi inchando ao longo dos meses até ficar enorme. Quando chegam, os presos são classificados na mais baixa das quatro categorias de A a D. De seis em seis meses, uma comissão pode mantê-los nessa categoria ou aproximá-los de uma inacessível categoria A. A verdade é que são mantidos sistematicamente na D, mas a esperança de passarem à C exerce sobre eles uma chantagem permanente. Os presos políticos são mais maltratados do que os comuns: têm direito a apenas uma visita e uma carta a cada seis meses, que uma censura impiedosa e mesquinha desfigura a seu bel-prazer e, às vezes, confisca. Porque é preciso "mantê-los isolados da família e do resto do mundo, cortar os laços importantes para eles e que podem lhes dar apoio". (*Ibid.*, p. 118)

Nesse universo fechado, o único consolo é a presença cotidiana dos companheiros de luta e de infortúnio. Apesar dos inúmeros atritos e da promiscuidade forçada, o grupo se mantém solidário. Num documentário rodado em 1994, Mandela explica por que: "O importante para nós era que as idéias pelas quais nos tinham mandado para Robben Island não morressem. Era por isso que conseguíamos tolerar uma das provas mais duras que um homem pode suportar atrás das grades". (Sampson, 1999, p. 207) Aos poucos vai se organizando uma comunidade fraternal que defende sua dignidade e mantém seu objetivo. Na prisão, o CNA sobrevive e se aperfeiçoa, criando um alto comando formado por seus responsáveis mais qualificados que estão na ilha: Mandela, Walter Sisulu, Govan Mbeki e Raymond Mhlaba. Acontece que são todos xosa, o que desagrada um pouco Mandela, mas ele se nega a admitir no grupo restrito um militante por simples razões de etnia. Os outros pertencem a "células" de três membros. "Decidíamos sobre questões como as queixas dos presos, greves, correspondência, alimentação, tudo o que dizia respeito ao dia-a-dia na prisão. Quando era possível, convocávamos uma reunião geral dos membros, mas como isso era muito perigoso e, portanto, muito raro, o alto comando quase sempre tomava as decisões que depois eram comunicadas a todos." (Mandela, 1995, p. 536) Na ilha, os prisioneiros negros chamam o pavilhão B dos políticos de *makulukutu* (ao redor do chefe), e todos sabem o que essa palavra significa.

Contudo, a infelicidade comum não fez desaparecer a discórdia. Os presos do PAC viram na chegada dos novos prisioneiros uma "usurpação do seu território". Por continuar, como diz Mandela cedendo por uma vez à cólera, "cinicamente anticomunistas e antiindianos", recusam-se a participar de reuniões comuns. Sua preocupação com a autonomia chega, às vezes, a ser cômica. Por exemplo, quando o chefe do CNA, por causa de um capricho administrativo, ficou por um período isolado dos companheiros e teve que trabalhar e comer separado deles, "essa nova regra causou uma certa agitação entre os membros do PAC. Alguns dias depois, o PAC decidiu que seu líder, Zeph Mothopeng, também seria isolado e, por conta própria, o obrigaram a trabalhar e a comer sozinho, como eu". (*Ibid.*, p. 535) Um dia, os presos estão trabalhando no telhado de um edifício quando viram Mandela lá embaixo conversando com um companheiro. Um deles gritou: "'*Mdala* [velho], por que é que você só fala com xosas?' Eu respondi: 'Como podem me acusar de discriminação? Nós somos um povo só'". Mas, daí em diante, fez o possível para que o vissem conversando com membros das outras etnias.

Aos poucos, algumas notícias do exterior chegam ao braço de mar. A morte do chefe Luthuli, em 1967, deixa "um imenso vazio", e eles organizam um pequeno serviço religioso em sua memória. Com grande atraso, ficam sabendo que as primeiras unidades do MK deram início à luta contra o inimigo. Destacamentos da "Lança da Nação" penetraram em 1967 na Rodésia, a caminho da África do Sul, e foram esmagados ou dispersos: "Apesar de nossas forças não terem sido vitoriosas, comemoramos discretamente o fato de quadros do MK terem tomado a iniciativa de combater o inimigo. Foi um verdadeiro marco em nossa luta". (*Ibid.*, p. 533) Os prisioneiros cantam uma canção de sua autoria com a melodia de "Banana Boat": "Dêem-nos uma bazuca e uma granada de mão/ E tomaremos o país, como fez Castro!".

Quando finalmente Nelson é autorizado a receber a visita da família, quase não reconhece os filhos, de tão crescidos que estão. Sua mãe lhe parece "muito velha e esquelética". A irmã, Mabel, não mudou nada. Vieram todos do distante Transkei e, dada a extensão da viagem, as autoridades, numa demonstração de benevolência, estenderam a duração da visita da meia hora prevista para 45 minutos. Mandela diz a Makgatho e Maki, filhos do seu primeiro casamento, que quer que eles continuem a estudar. Sente que essa é a última vez que vê sua mãe. E está certo: o telegrama chegará algumas semanas depois. Não lhe concedem liberdade sob palavra para ir enterrá-la e o fato de não cumprir o costume tribal aumenta sua tristeza.

No dia 12 de maio de 1969, de manhã cedo, prendem "Aquela que luta" em sua casa em Orlando. Confinamento solitário com base na lei de 1967. É a gota d'água: "Não havia nada mais torturante do que pensar que Winnie também estava presa. Tentei aparentar coragem". O general que dirige as prisões o autoriza a escrever à detida, mas ele não se alegra com isso. Sabe que lhe fazem aquele "favor" na esperança de que a carta contribua para ajudar no processo contra a destinatária. Não alimenta mais ilusões. E, então, vem o golpe de misericórdia: recebe a notícia de que seu filho mais velho, Thembi, acaba de morrer num desastre de automóvel no Transkei. Tinha 25 anos e dois filhos pequenos. Mandela confessa que esse período da sua vida é o da "tortura moral". Pela primeira vez, a bicada do abutre arranca um lamento de Prometeu.

Contudo, anuncia-se uma bonança. Os presos políticos conseguem uma melhoria transitória das suas condições carcerárias por meio de "pequenas vitórias que, no longo prazo, levam a uma mudança de ambiente na ilha". Avanços pequenos e sempre ameaçados: "Empurrávamos a pedra até o alto da montanha para vermos rolar outra vez ladeira abaixo", diz Nelson Sísifo, que decididamente aprecia a mitologia grega. Os "cafres" finalmente recebem as calças que pediram logo no primeiro dia, e até roupa pessoal. "Esses uniformes eram do nosso tamanho e tínhamos permissão para lavá-los [...]. Os prisioneiros africanos às vezes recebiam pão pela manhã". O pastor passa a oficiar no pátio, e o padre Hugues, que faz "belos sermões", é um amante da música que aprecia os coros africanos.

Os prisioneiros jogam damas e xadrez no tempo livre e são até autorizados a formar um grupo de teatro amador. Mandela leu Sófocles: "Quando soube que a peça escolhida era *Antígona*, ofereci meus préstimos, e me pediram para fazer o papel de Creonte, um rei já velho que trava uma guerra civil pelo trono da sua amada cidade-estado. No início, Creonte é sincero e patriótico, e há uma certa sabedoria nos seus primeiros discursos, quando sugere que a prática é a base da liderança e que as obrigações com o povo devem ter primazia sobre a lealdade para com um indivíduo". Há muito tempo que sua obsessão deixou de ser a legitimidade da revolta e da luta armada, dando lugar ao tema das armadilhas do poder. No fundo, ele sabe que terá de exercê-lo. É pensando em seu próprio destino que cita Sófocles: "Como julgar a alma de um homem, seus sentimentos, suas intenções, enquanto ele não passa pela prova do poder nem faz leis?". (Mandela, 1995, p. 551) E conta a peça, tirando a lição que ela contém: "Creonte se nega a ouvir Antígona, ou quem quer que seja, a não ser seus próprios demônios. Sua cega intransigência não combinam com um líder que deve temperar a justiça com a misericórdia".

Sentirá que, deixando-se levar por seu temperamento, cederia ao autoritarismo? Mandela sempre lutou contra uma tendência natural para esmagar o adversário com sua voz dura e seu porte imponente. Alguns de seus companheiros de prisão irão lançar sombras no retrato que pintam dele, dizendo que Nelson nunca soube separar muito bem, na sua pessoa, o chefe tribal do dirigente democrático. Na opinião de Fikile Bam, por exemplo, "era de uma arrogância parecida à do chefe de clã e era Sisulu que o salvava das conseqüências dessa atitude altiva". (Sampson, 1999, p. 213) Minha experiência da vida política me permite compreender a situação: não é fácil ser o chefe e se submeter à lei do número. Não é fácil curvar-se à opinião da maioria quando se sabe que ela está errada. Esse é um dos grandes desafios da democracia. Nesse ponto, Mandela se via obrigado a contrariar sua própria natureza. Por temperamento, tendia a se sentir "o mais inteligente de todos" e "o dono da verdade". Todos sabemos as peças que esse tipo de certeza pode pregar num homem público.

Mandela não faz distinções entre os detentos do pavilhão de alta segurança reservado aos presos políticos. Fala com todos, ouve cada um, preocupa-se em elevar o moral de Eddie Daniel, um mestiço de pele muito clara, antigo marinheiro que participou em ações de sabotagem com esquerdistas brancos e foi condenado a quinze anos de prisão. Esse "quase branco" sente-se terrivelmente deslocado entre os africanos e cai em depressão. "Suas palavras ('me chame de Nelson!')", conta Eddie, "foram as primeiras palavras amáveis que ouvi na prisão. Quando me sentia desmoralizado, ele me transmitia sua força; nós não podíamos prever o futuro, mas ele podia." (*Ibid.*, p. 214)

Como já dissemos, era questão de honra para Mandela ostentar uma fleuma quase britânica. No entanto, num certo dia de 1968, quando transmite a um capitão as queixas dos seus camaradas sobre alguns guardas malvados que confiscam livros e cadernos, o oficial lhe responde com um insulto. Desta vez, ele explode. Testemunha da cena, seu amigo Neville Alexander, militante trotskista, diz: "Foi de fato uma coisa espantosa, porque ninguém nunca o tinha visto perder a calma em público. Quando ele perde as estribeiras, é uma coisa realmente impressionante, mas na verdade ele sempre mantém o autocontrole". Numa conversa particular, Mandela lhe confessa que aquele ataque de cólera era fingido e que ele o encenara com todo o cuidado. Que força tem o teatro! Mas isso não significa que fosse incapaz de se enfurecer; quando lhe negam uma visita de Winnie sob o pretexto de que a jovem, quando vai visitar o marido, "só quer aparecer", Mandela tem um acesso de fúria tão grande que tiveram de lhe dar um calmante. (*Ibid.*, p. 218)

Em 1970, o diretor do presídio é o coronel Van Aarde, "homem amável e inofensivo". Ele era tão boa-praça, que as autoridades resolvem restabelecer a ordem e o substituem pelo coronel Piet Badenhorst. Esse filho de família rica tornou-se policial e carcereiro por gosto e vocação. Seu comportamento o levará a perder o cargo. Sua missão é "demonstrar pulso firme", coisa que ele fará com prazer. "Sentimos os efeitos de seu regime mesmo antes de vê-lo. Muitas regras novas, ligadas ao estudo e às horas livres, foram imediatamente revogadas [...]. Nossos antigos carcereiros foram transferidos e substituídos por guardas escolhidos a dedo por Badenhorst [...]. Nossas celas foram revistadas, nossos livros e papéis, confiscados, nossas refeições suspensas sem qualquer aviso e passamos a ser empurrados no caminho para a pedreira."

Os maus-tratos se multiplicam. Um exemplo entre muitos: na noite de 28 de maio de 1971, os presos políticos são acordados de forma brutal e recebem ordem de se despir e formar fila contra o muro do pátio em frente às celas. Faz muito frio e os homens tiritam, durante uma hora, sob os insultos dos guardas, liderados por um tal Fourie, conhecido por seu sadismo. Vários detentos são barbaramente espancados e um deles, cardíaco, desmaia. Nunca se saberá a causa daquele acesso de ferocidade. Na fase final de seu reinado, o coronel leva sua brutalidade tão longe que Pretória, preocupada, envia uma comissão de alto nível para investigar os rumores escandalosos que chegam a seus ouvidos. Naturalmente, o porta-voz dos presos é Mandela. James Gregory, que considera o coronel um "carrasco obtuso e brutal" assiste à cena:

> Mandela permanece muito ereto. Como sempre, fala devagar e em voz baixa, mas sua segurança e sua calma surpreendem a todos. Desfia o rosário de provocações e punições repetidas, de espancamentos e perversidades perpetradas por muitos guardas. No fim, vira-se para Badenhorst e afirma que, quando alguém apresenta uma queixa, o coronel engaveta o processo e se nega a ouvir quem quer que seja. Badenhorst perde o controle e, esquecendo-se da presença dos juízes, grita:
>
> — Mandela, você viu com seus próprios olhos, esses supostos espancamentos de presos comuns?
>
> — Claro que não, porque estamos isolados deles. Mas vi o que vocês fizeram conosco e não tenho a menor dúvida de que seja verdade.
>
> Badenhorst fica vermelho raiva, suando, e parece prestes a berrar o seu famoso *jou ma se moer!* (literalmente, "vá cagar na

> boceta da sua mãe"). Aproxima-se de Mandela e, com o dedo em riste, sussurra:
>
> — Cuidado, Mandela! Se começar a falar do que não viu, vai se meter em encrenca. Você sabe do que estou falando.
>
> Ignorando a ameaça, Mandela se desvencilha dele, vira-se para os juízes e diz calmamente:
>
> — Cavalheiros, vejam por si mesmos que tipo de homem é nosso diretor. Se ele ousa me tratar assim na presença dos senhores, imaginem o que ele faz quando não há testemunhas. (Gregory, p. 125)

Um dos juízes reconhece que "o prisioneiro tem toda a razão". No relato que faz da cena, Mandela confirma a versão de Gregory, e acrescenta: "Nos meses seguintes, Badenhorst parecia estar de mãos atadas. O rigor diminuiu, e, passados três meses da visita dos juízes, soubemos que ele seria transferido." (Mandela, 1995, p. 558) Os guardas sádicos ou violentos desapareceram com o chefe. Badenhorst foi substituído pelo coronel Willemse que, talvez obedecendo instruções, logo procurou estabelecer um *modus vivendi* com os presos políticos. Mandela não rejeitou a aproximação e chegaram a um acordo tácito: "Resolvemos que tentaríamos pelo menos fingir que estávamos trabalhando, mas que faríamos o trabalho no ritmo que melhor nos conviesse. Foi o que aconteceu, daí em diante, e nunca mais ouvimos queixas do diretor". (*Ibid.*, p. 560)

Os detentos passam a fazer um trabalho menos duro do que o da pedreira, mas que não chega a ser exatamente uma sinecura: apanhar algas, à beira-mar, que, depois de secas e comprimidas, são exportadas para o Japão como adubo. Aproveitam para melhorar o rancho da prisão com mexilhões e mariscos, que apanham à vontade. Um deles, promovido a cozinheiro, prepara um cozido que os presos dividem com os guardas, o que diz muito sobre as mudanças no relacionamento entre uns e outros depois da chegada do novo diretor. Um oficial que surpreende a reunião limita-se a experimentar o prato e a dizer um *smaalik* (delicioso!). Os prisioneiros apreciam ainda mais "o prazer de contemplar a bela paisagem: ficávamos olhando os barcos pescar com rede de arrasto, os petroleiros imponentes percorrer lentamente a linha do horizonte; víamos gaivotas pescando com o bico na superfície e focas brincando nas ondas [...]. No verão, a água era uma delícia, mas, no inverno, a corrente gelada de Benguela fazia com que entrar no mar fosse uma tortura". (Mandela, 1995, p. 562)

No continente, tão próximo e ao mesmo tempo tão distante como uma estrela, a luta torna-se mais dura, dia após dia. São cada vez mais numerosos os combatentes do MK que, pegos com armas na mão, chegam à ilha. Eles relatam ao líder máximo os combates travados e logo fica evidente que nem tudo vai muito bem nos campos de treinamento dos países independentes vizinhos. Mandela consegue escrever a Oliver Tambo para pedir que ele retome o controle da situação nessa área. Os membros do alto comando se dedicam à formação desses jovens militantes. Podemos sentir, por trás dos sutis eufemismos das *Memórias*, que aqueles rapazes, que foram da revolta para a prisão sem ter passado pela vida, são verdadeiramente insuportáveis. Mas isso pouco importa: uma das regras de ouro da política diz que não devemos nos afastar das novas gerações, por mais radicais, simplistas e inflexíveis que possam parecer. Não se constrói o futuro sem os que irão vivê-lo.

O alto comando clandestino compreendeu isso. Aos jovens detentos ignorantes e exaltados, o "prudente e benevolente" Walter Sisulu ensina a história do CNA. Surpresos, ficam sabendo que o movimento existe desde 1912. Pouco a pouco, as conversas informais se transformam num verdadeiro curso: o Currículo A. Um dirigente do Congresso Indiano ensina a história da luta de sua comunidade e o mesmo acontece com os mestiços. Mandela, que ficou encarregado da iniciação dos alunos em economia política, descobre uma verdade muitas vezes esquecida: que o ensino não é útil apenas para quem o recebe. "Poucos daqueles presos haviam freqüentado a escola, mas todos conheciam bem as agruras da vida." Porém, como sua verdadeira vocação não é o magistério, prefere dar conselhos jurídicos aos condenados que desejam recorrer da sentença. "A maioria estava falando com um advogado pela primeira vez." É que, na prisão ou no tribunal, ele é advogado *in æternum*, como o padre é sempre padre. Evidentemente, o trabalho do prisioneiro atrapalha o do jurista: "Uma consulta que normalmente não levaria mais de meia hora no antigo escritório Mandela & Tambo, na ilha podia levar um ano".

Os anos se arrastam interminavelmente. A comida melhorou desde que os presos comuns, que roubavam o que podiam, foram substituídos na cozinha pelos presos políticos, que agora chegam em massa à ilha. Sob pressão da Cruz Vermelha e da opinião pública internacional, o regime é menos bárbaro. Mas como as mudanças demoram a acontecer! Foi preciso esperar até 1979 para africanos, indianos e mestiços finalmente terem direito ao mesmo cardápio. Essa concessão é feita com rara avareza: para dar um pouco de açúcar aos africanos, se diminui a ração dos outros. No ano seguinte é autorizada a entrada de dois jornais conservadores, mas nem por isso menos censurados antes de chegarem às mãos dos prisioneiros. No entanto, o abutre ainda dá, de vez em quando, suas bicadas furiosas. Uma amiga de Mandela, Fatima Meer, visita-o num dia em que ele acaba de ser punido e o encontra "terrivelmente abatido, como uma borboleta espetada numa vitrine". A tortura de estarem longe dos entes queridos, dos filhos que nunca viram, da esposa sozinha no leito conjugal mina o ânimo dos prisioneiros. Quando um deles descobre um exemplar de *Esperando Godot*, pergunta a Mandela, com humor: "Será que o mendigo quer nos ensinar a esperar contra toda a esperança?".

A referência comum é Shakespeare, de quem os presos políticos decoram longos trechos. "Costumávamos recitar as passagens mais engajadas de *Coriolano*, *Júlio César* e *Henrique V*", recorda Neville Alexander: "Permiti mobilizar as forças da vossa imaginação. Suponde que dentro destas muralhas estão agora encerradas poderosas monarquias. Sanai nossas falhas com vosso pensamento e criai um exército imaginário!". Para matar o tempo, arquitetam fugas quiméricas. Em 1974, uma delas ganha contornos precisos: parece surgir uma chance de fuga a três, por ocasião de um deslocamento à Cidade do Cabo para um tratamento dentário. Bastará pular pela janela do consultório, que fica num primeiro andar. Mas, na hora agá, a rua parece estranhamente deserta. Os três candidatos ao pinote suspeitam de uma cilada. Talvez pensem assassiná-los numa "tentativa de fuga". Mandela limita-se a surpreender o dentista com o perfeito estado de seus dentes. Nos aniversários, em vez do bolo, juntavam toda a comida e davam uma fatia a mais de pão ao aniversariante. É assim que, em 1968, os 50 anos de Nelson passam quase em branco. Seus amigos mais chegados decidem que os 60 terão de ser celebrados em grande estilo. Walter Sisulu tem uma idéia: nessa data, Nelson já terá escrito suas memórias, e eles farão com que cheguem fora da prisão para contribuir na formação dos jovens militantes. "Gostei da idéia e concordei em começar." Escreve de noite, mas logo surge um problema: onde esconder as páginas clandestinas? São enterradas no pátio, não sem dificuldade, mas tem de mudar de lugar no dia em que a construção de um muro traz para o local indiscretos golpes de picareta. Trabalho perdido. Um dia, o diretor chama o autor: "Mandela, achamos seu manuscrito". É então acusado de "abusar do privilégio de estudar, escrevendo ilegalmente" e é privado de estudos por quatro anos.

Em 1976 ocorre um fato à primeira vista irrelevante, mas que, a meu ver, anuncia as grandes mudanças que estão por vir: o ministro das Prisões, Jimmy Kruger, importante membro do governo, visita Nelson Mandela. Pretória continua apostando nos bantustões e acontece que o Transkei, peça-chave do dispositivo, é governado pelo sobrinho do prisioneiro, Matanzima. Como vimos antes, este último, ao contrário do tio, não acredita na emancipação dos negros e tem um temperamento ditatorial. Se Mandela reconhecesse a legitimidade do "governo do Transkei" e estivesse disposto a se mudar para lá, sua pena seria "consideravelmente reduzida". O destinatário dessa estranha proposta responde polidamente que é contra a política dos bantustões. Kruger, talvez iludido com sua polidez, faz uma nova investida um mês depois e depara com a mesma recusa, porque "era uma oferta que só um vira-casaca poderia aceitar". (Mandela, 1995, p. 582) Mas pouco importa: agora, o governo sabe onde encontrar "um interlocutor válido".

Imagina que um dia precisará dele? A tensão continua crescendo. Em junho de 1976, eclode a sangrenta revolta estudantil de Soweto. Como Júpiter, que trata de enlouquecer seus desafetos, o governo decidiu tornar obrigatório o estudo do africâner nas escolas negras. Os jovens perceberam imediatamente o alcance da medida: confiná-los ao gueto de uma língua sem vocação universal, de uma fala local que, ao contrário do inglês, vedava-lhes a via de acesso ao grande mundo, reservando para eles um futuro de "cafres", definidos em comparação com os bôeres, seus senhores. Era inaceitável. Quando os estudantes da *township* foram para a rua, contaram com o apoio de milhares de jovens não escolarizados. A polícia abriu fogo e matou um rapaz de 13 anos, Hector Pietersen, e os garotos, loucos de raiva, lincharam dois brancos. Depois disso, Soweto transformou-se num campo de batalha, ultrapassando em importância o massacre de Sharpeville e fornecendo fotos e manchetes à imprensa do mundo inteiro. A revolta se alastra pela Cidade do Cabo. Até o final do ano, os distúrbios causarão a morte de centenas de pessoas. Os detentos só tomam conhecimento dos fatos em agosto, quando um dos participantes, que antes de ser condenado foi barbaramente torturado, chega à prisão. Mandela logo reconhece nessa "Consciência Negra" o "furioso espírito revolucionário" que já pressentira. É um estado de espírito, e não uma organização, algo aliás impossível de se construir na época.

Seu inspirador é um estudante de medicina da Universidade do Natal, Steve Biko, que sonha em arrancar o negro de seu "complexo de inferioridade" para ser finalmente "definido em função de si mesmo, e não em função dos outros". Para Biko, como para o movimento negro americano, o adjetivo *black* deve ser motivo de orgulho. A *Black Consciousness* se declara seguidora dos negros americanos, do antepassado Du Bois ao moderno Eldridge Cleaver, mas também de Franz Fanon e de Aimé Césaire. Para os jovens ela vem preencher o vazio deixado pela proibição do CNA, do PAC e de outros movimentos. Mandela logo se dá conta do alcance do movimento e do quanto pode contribuir para sua causa. Antes de mais nada, é preciso incentivar os rebeldes. Ele envia aos revoltosos, por intermédio de um prisioneiro libertado, uma mensagem exaltada: "Os que vivem pelas armas, devem morrer por elas! Unam-se! Mobilizem-se! Lutem! Devemos esmagar o *apartheid* entre o martelo e a bigorna da ação unitária das massas e da luta armada!". (Sampson, 1999, p. 275)

Em setembro, quando vê os jovens condenados chegarem a Robben Island, Nelson se abstém de fazer proselitismo, recusando, inclusive, o pedido de filiação de Patrick "Terror" Lekota, um dos líderes mais destacados do movimento, ao CNA clandestino. Mas "Terror" — apelido que ganhou no futebol — ignora a negativa e anuncia publicamente sua adesão. Pouco tempo depois, seus camaradas furiosos o agridem com um forcado. Nelson o convence a não apresentar queixa, porque o inimigo não precisa saber das desavenças entre os africanos. "Queria que aqueles jovens vissem que o CNA era um grande movimento capaz de acolher muitos e diferentes pontos de vista e tendências." A meu ver, essa lição vale para toda e qualquer formação política: só os "fanáticos" se orgulham do "pensamento único". Resultado: dezenas de membros da Consciência Negra, entre os quais alguns agressores de "Terror", resolvem entrar para o Congresso Africano e "em pouco tempo

[ele] estava ensinando as estratégias do CNA a outros presos". (Mandela, 1995, p. 587) Mas nem tudo é perfeito, e as rixas entre os militantes do CNA, do PAC e da Consciência Negra continuavam. Mais uma razão para Nelson desempenhar o papel de "defensor da unidade, conciliador honesto", mesmo que com isso corresse "o risco de desagradar alguns dos meus companheiros". Não fosse o receio de cansar o leitor, ressaltando todas as lições de boa política que Mandela nos dá, eu me referiria a esta mais detidamente.

No ano seguinte, os presos políticos são finalmente dispensados do trabalho braçal. "Agora, eu podia passar o dia lendo, escrevendo cartas, discutindo com meus companheiros e redigindo a defesa de um detento", escreve Mandela. A Cruz Vermelha fornece equipamento de voleibol e uma mesa de pingue-pongue. Uma quadra de tênis é construída. As autoridades concedem uma faixa estreita junto ao muro mais afastado para se fazer uma pequena horta e fornece as sementes. O futuro libertador da África do Sul dedica-se com entusiasmo à plantação de tomates e cebolas. Escreve duas cartas a Winnie: uma "sobre um pé de tomate especialmente lindo" e outra sobre um que murchou. Olhando retrospectivamente, se dará conta de que, sem saber, aludia nessas cartas ao perigo que seu casamento corria. "De certa forma, a horta era uma metáfora da minha vida. Um líder também semeia os grãos, cuida deles e colhe os frutos. Assim como o hortelão, um líder é responsável pelo que cultiva; tem que trabalhar direito, procurar afastar as ervas daninhas, eliminar o que não vinga e conservar o que vale a pena." (*Ibid.*, p. 591) Essa comparação hortícola vale por si só. Cito-a apenas para salientar a aplicação e a seriedade que, para seu autor, devem nortear toda ação política.

Pela primeira vez na vida, Nelson se permite ler romances. Desconfiadas, as autoridades penitenciárias excluem *a priori* qualquer título que contenha as palavras "vermelho" ou "guerra". *Chapeuzinho Vermelho* e *A Guerra dos Mundos* estão no índex. Mas deixam passar *Guerra e Paz*, e a incansável abelha que habita Nelson fabrica seu mel com o néctar de Tolstoi. Impressiona-o de modo especial o retrato de Kutuzov, que derrotou Napoleão porque tinha uma "compreensão visceral de seu povo [...]. Para liderar, de fato, um povo, é preciso conhecê-lo profundamente". Mandela não precisava do escritor russo para saber disso.

Um jornalista militante, Thami Mkhwanazi, diz que nessa época, Nelson já estava grisalho, caminhava a passos lentos, olhando para a frente, mergulhado numa espécie de meditação da qual só sai para conversar com companheiros que vêm consultá-lo com reverência, depois de terem "marcado entrevista com muita antecedência". Dedica-lhes todo o tempo necessário, consultando, às vezes, notas escritas na sua caligrafia miúda. Sua cela está sempre em ordem, com suas pilhas de documentos jurídicos, caixotes de livros, uma estatueta, feita por um preso, e, na parede, a fotografia de uma africana em traje tribal, que recortou da *National Geographic*. Diz que é para provocar ciúme em Winnie. Seria seu próprio ciúme que se escondia por trás dessa brincadeira? Os guardas o chamam de "Mandela" e às vezes de "Mr. Mandela", mas os detentos só se dirigem a ele pelo título de Madiba. (Sampson, 1999, p. 283)

Sua dignidade influencia os que o rodeiam. Estes sofrem as conseqüências da promiscuidade prolongada: "Ver todos os dias os mesmos rostos tinha efeitos psicológicos nefastos", diz um deles. "Ficávamos com os nervos à flor da pele. Fazia tempo que tínhamos esgotado o relato da nossa vida lá fora e feito todas as brincadeiras possíveis e imagináveis." (Sampson, 1999, p. 230) No entanto, os conflitos são raros, rapidamente superados e a solidariedade e a amizade estão sempre presentes. Estranho espetáculo, o desses "cafres" virtuosos aos olhos dos guardas, cuja pequena comunidade branca, a se crer em James Gregory, é exatamente o oposto disso: "A ilha é o reino da fofoca. Sabe que Fulano foi visto com Fulana? A vontade de falar mal se mistura às aventuras reais. Há guardas que prostituem as próprias mulheres. Por que ser simplesmente corno quando se pode tirar proveito disso? É no bar, na hora da cerveja, que os preços são combinados". (Gregory, p. 168) É o conceito africânder de *baaskap*, a supremacia natural, em todos os domínios, do branco sobre o negro, brutalmente posto à prova.

Nova e aflitiva preocupação: dois meses depois da revolta de Soweto, Winnie é detida com base na Lei de Segurança Interna, presa sem culpa formada e depois libertada, sem qualquer explicação. O poder branco faz o que bem entende. Proibida de voltar a Soweto, ela é banida, com Zindzi, a filha mais nova, para a *township* de Brandfort. O lugar é tão pouco acolhedor que Winnie, numa carta a uma amiga, o chama de "pequena Sibéria". O casebre é miserável e a polícia não lhe dá trégua, mas a Passionária africana mantém intacta sua espantosa energia. Faz amizade até no bairro branco vizinho onde, com a força do seu charme, da sua dignidade e do seu sorriso, se relaciona com um advogado, Piet de Waal, que em 1980 terá um importante papel ao convencer o ministro da Justiça, Kobie Coetsee, de que Nelson não é o fanático odioso que dizem, mas uma pessoa ponderada. "Pode-se dizer", confidenciará mais tarde Coetsee, "que foi aí que tudo começou." (Sampson, 1999, p. 303) Winnie abre uma creche e angaria fundos para criar uma clínica, enquanto Zindzi, que saiu à mãe, se impõe aos 17 anos como uma jovem que sabe o que quer e escreve poemas que ganham um prêmio nos Estados Unidos.

Por quase dois anos, Nelson atravessa um período que qualifica de "sonhador e nostálgico". Seria um *understatement* para falar da depressão? É a época dos exames de consciência: ele se sente culpado por ter levado os seus a uma vida difícil e por não ter-se mostrado suficientemente grato com aqueles que o ajudaram. Tem um pesadelo recorrente: é libertado e não há ninguém à sua espera, absolutamente ninguém. "Então tomava o caminho de Soweto [...]. Por fim, via minha casa, mas era uma casa vazia, uma casa fantasma, com todas as portas e janelas abertas, mas sem ninguém dentro." É impossível não ler nesse sonho o tormento lancinante do homem separado para sempre de uma mulher jovem, sedutora e de temperamento fogoso. Será que ele a imagina nos braços de outro? Não lhe conta esse sonho, mas um outro em que encontra "o quarto cheio de parentes e amigos. Você estava descansando na cama com meu filho Makghato, tinha um aspecto jovial e dormia do lado da parede". (Mandela, 1995, p. 599) Visão tranqüilizadora, mas sobre a qual paira, sem dúvida, a sombra do rival temido, ainda que, por uma artimanha do inconsciente, ela seja duplamente exorcizada por uma "parede" e por um parceiro que a proibição do incesto torna inofensivo. Quantas vezes Nelson imaginou, nas suas noites de insônia, Winnie nos braços de outro homem? Seu grande pudor não lhe permite confessar essa tortura secreta, mas não é difícil adivinhá-la nas entrelinhas.

Em setembro de 1977, o fundador da Consciência Negra, Steve Biko, é torturado e assassinado em condições que revoltam o mundo inteiro. A América se agita, e o vice-presidente Mondale alerta o regime do *apartheid* de que "os Estados Unidos não pensam intervir para salvar a África do Sul". (Sampson, 1999, p. 317) A ONU aprova o primeiro embargo de armas da sua história. No ano seguinte, Pretória abranda um pouco a repressão. Quem ousará chamar de desumano um regime que oferece a seus piores adversários um projetor e alguns filmes? Para Mandela e seus companheiros, é uma "diversão maravilhosa". Um documentário sobre Hell's Angels provoca um caloroso debate. Alguns espectadores os consideram um "bando de sociopatas amorais", outros vêem neles um tipo especial de combatentes da liberdade. Mandela não é exatamente um fã dos Hell's Angels, mas sua rebelião selvagem e espontânea contra a ordem estabelecida implica o mesmo problema que o dos jovens de Soweto: "Saber se nossa luta deixara de ser revolucionária [...]. Eu estava na prisão havia quase dezoito anos. O mundo de onde saíramos já desaparecera havia muito tempo. O perigo era nossas idéias terem parado no tempo".

Quanto a isso, Nelson pode ficar tranqüilo, pois sua preocupação de estar sempre bem informado, as conversas com os recém-chegados, o contato natural com a juventude afastaram esse risco. Além disso, os *poqos* não estão mais totalmente isolados do mundo. Uma rádio interna transmite agora um boletim informativo, obviamente censurado, mas que lhes permite saber que P. W. Botha substituiu John Vorster e adivinhar nas entrelinhas dos comunicados triunfalistas do poder branco que as guerras de libertação africanas estão ganhando força e que nem tudo são derrotas para os negros. O vento está mudando. Em março de 1980, o *Johannesburg Sunday Post* publica em manchete, com letras garrafais: "Libertem Mandela!". O jornal lança um abaixo-assinado e abre um grande debate público inconcebível até então. Em Nova Delhi, Mandela é agraciado com o Prêmio Nehru de Direitos Humanos, que Oliver Tambo recebe na sua ausência. No ano seguinte, os estudantes de Londres incluem o mais célebre prisioneiro do mundo na lista dos candidatos ao cargo de reitor honorário da Universidade. E por pouco não é eleito!

Em 31 de março de 1982, Nelson Mandela, estupefato, recebe em sua cela a visita do diretor da prisão em pessoa, acompanhado de todo seu estado-maior. Isso nunca acontecera antes. Fica sabendo que ele e três de seus principais companheiros, Walter Sisulu, Ahmed Kathrada, mais conhecido por "Kathy", e Raymond Mhlaba, serão transferidos. Para onde? O diretor não pode dizer. "Fiquei confuso e preocupado. O que significava aquilo? Fazia dezoito anos que eu estava na ilha e agora tinha de ir embora tão abruptamente?" (Mandela, 1995, p. 606) Como podia saber que, muito longe, um tênue clarão começava a emergir das trevas? Como se diz em *A guerra de Tróia não acontecerá*: "O nome disso é aurora".

ATO IV
Próspero

Por que te obstinas no rancor?
Destruída tua pátria, o que conseguirás?
Sófocles, *Édipo em Colona*

Em seu belo e comovente romance *Looking on Darkness* [Buscando no escuro], André Brink imagina um garoto africano, nascido numa família miserável, que é mandado para a escola por seu *baas* quando este se dá conta de sua inteligência excepcional. Lá, descobre Shakespeare com deslumbramento, como aconteceu com Nelson, e se encanta com *A Tempestade*. Na festa de fim de ano, o professor manda os alunos representarem a peça, tarefa da qual se desincumbem como podem. O garoto faz o papel de Próspero. De volta à pobre choupana onde mora, diz à mãe que quer ser ator. "Você quer ficar sob as luzes", responde a mãe, "mas nós não podemos. Não é nosso lugar. O Senhor nos fez para vivermos à sua sombra. Somos aves noturnas." (Brink, 1976, p. 161)

Aquele que tira seu povo da sombra representará na tragédia nacional o papel de Próspero, o príncipe-mago que impede o selvagem Calibã de devastar a ilha encantada. Conseguirá seu intento graças a seu talento natural de grande político, mas também recorrendo a um sortilégio. É que, com o passar dos anos, imperceptivelmente, o recluso Mandela, o invisível Mandela, tornou-se tão presente nos espíritos e ausente dos olhos quanto o imperador Barba-Roxa, que para os germanos um dia sairá de sua caverna, ou o "imã oculto", para quem os xiitas sempre reservam um cavalo selado. Mandela é assombrado por um pesadelo que exporá claramente em seu memorando de maio de 1987 a P. W. Botha: "O fantasma de uma África do Sul dividida em dois campos hostis, os negros de um lado e os brancos do outro, massacrando-se mutuamente, me aterroriza". Esse é o futuro que espera o país do *apartheid* e dificilmente se encontra na época um jornalista ou um político para quem o banho de sangue não seja inevitável.

Índice seguro da evolução de uma sociedade, o vocabulário se tornou letal. Em seus discursos e declarações, os dirigentes africânderes recorrem a palavras novas: *elimineer; uithaal* (retirar, mas também eliminar); *uitwis* (liquidar); *verwyder* (fazer desaparecer); *onkonvensionele metodes* (métodos não-convencionais). (Tutu, p. 326) A repressão, que já era severa, se torna mais feroz ainda. Formações regulares como a unidade antimotim Koevoet ou o 32º e 101º batalhão das Forças Armadas destacam-se por sua truculência. O State Security Council (SSC), presidido por Pieter Willem Botha em pessoa, coordena a repressão. A tortura passa a ser um procedimento de rotina e a linguagem dos torturadores está presente em *Looking on Darkness*: "Por que você complica tanto a vida?", perguntam com profunda simpatia. "Acha que fazemos isso porque gostamos? É um trabalho como outro qualquer." (Brink, 1976, p. 362) Os serviços especiais liquidam os que fogem para o exterior: uma grande amiga de Mandela, a comunista branca Ruth First, que está exilada em Maputo, é vítima de uma carta-bomba. Um sacerdote engajado na luta contra o *apartheid*, o reverendo Frank Chikane, se sente cada vez mais doente e se dá conta de que seu mal-estar começou quando comprou um terno novo. Um dia vai visitar sua mulher, professora na Universidade de Wisconsin, e um colega dela, eminente toxicólogo, detecta um veneno de ação lenta no tecido da roupa. Na África do Sul, a onipresente Security Police faz detenções e prende sem dar satisfação a ninguém. Uma das pessoas freqüentemente detida conta que toda vez que era presa ouvia dos policiais a mesma frase: "Quem manda neste país somos nós". (Tutu, p. 106) Alguns dos africanos presos são "convertidos". São chamados de *askaris* e causam consternação a seus ex-companheiros.

Quando a paz foi restabelecida, as audiências da Comissão Verdade e Reconciliação, instituição de que falaremos mais adiante, lançaram luz sobre esses anos de sangue. Transcrevo do livro de Desmond Tutu uma pequena amostra da realidade daquele período. O quartel-general dos esquadrões da morte da polícia está instalado em Vlakplaas, perto de Pretória, e é dirigido por Eugene de Kock, conhecido como "o Mal em pessoa". Um de seus auxiliares conta como Griffiths Mxenge, conceituado advogado de Durban que começava a se tornar incômodo por suas brilhantes defesas de ativistas políticos, foi "eliminado": "Quem tomou a decisão foi o general Van der Hoven, da Security Police de Port Natal, que me disse que, como o homem agia dentro da lei, era difícil pegá-lo." Policiais negros são escolhidos para fazer o trabalho. Um deles, Joe Mamasela, é digno dos elogios dos chefes porque é "um sujeito supercompetente, com instinto de matador". O grande advogado é morto a facadas e a golpes de macaco e simula-se um assalto malsucedido para ocultar o assassinato. O médico-legista encontra 45 ferimentos no corpo da vítima. Mais tarde, o mesmo Mamasela consegue convencer oito jovens negros a participar de um "treinamento de guerrilha" e dá a eles granadas de mão preparadas pelos serviços especiais que explodem quando o pino é puxado. A jovem militante que, na mais completa inocência, apresentou o provocador a seus amigos, é suspeita de ser sua cúmplice. É a primeira a sofrer o horrível suplício do "colar", que consiste em incendiar um pneu no pescoço da vítima. Essas execuções bárbaras se multiplicarão entre os negros, chocando a opinião pública mundial e levando algumas pessoas a pensar que os oprimidos não são melhores que os opressores. Desmond Tutu observa a propósito: "Gostaria de salientar que houve homens comuns e mesmo jovens que cometeram atos absolutamente terríveis".

Cinco policiais lembram o assassinato de uma dezena pessoas da região de Pretória. Descrevem as torturas a que submetem os "terroristas" e a forma como se livram dos corpos. "Dar choque elétrico nos suspeitos parecia tão normal que um dos oficiais chegou a dizer, em tom neutro: 'Interrogamos Sefolo da mesma forma que os outros dois, com um gerador portátil Robin amarelo. No final do interrogatório, ele acabou confessando que era um dos líderes do CNA em Witbanc'." O auxiliar Paul Van Vuuren, que participa do interrogatório, tem a alcunha de "o eletricista". Há detalhes inacreditáveis nessa lista de horrores. Um jovem da província do Cabo Este, Sizwe Kondile, é assassinado com uma bala na cabeça, procedimento que, dada a situação geral, é quase misericordioso, mas o mais surpreendente vem depois: a equipe de policiais atira o corpo numa pilha de tábuas e pneus, joga gasolina e ateia fogo. "Enquanto isso, bebíamos e comíamos o churrasco que preparamos à beira da fogueira [...]. Leva sete horas para um corpo ficar totalmente carbonizado. Os grandes pedaços de carne, principalmente as nádegas e a parte de cima das coxas, tiveram de ser virados e revirados várias vezes durante a noite. Pela manhã, depois de remexer o monte de cinzas para nos certificarmos de que não restavam ossos nem pedaços grandes, foi cada um para o seu lado." Nauseado, Desmond Tutu observa: "Nós nos sentimos totalmente arrasados quando constatamos que seres humanos foram capazes de matar um homem, atirar seu corpo em um braseiro e, enquanto ele ardia, sentir prazer em comer ali ao lado. O que será que aconteceu com eles para se mostrarem tão desumanos?". (Tutu, pp. 128-129)

O que aconteceu é simples: o sistema do *apartheid* gerou uma loucura coletiva, uma perda generalizada de referências. Os piores temores ganham corpo entre os brancos, convencidos de que jogam a última cartada. A boa consciência justifica tudo: o dr. Frank Chicane é interrogado e torturado por um membro branco da sua igreja, a Apostolic Faith Mission, e um dia esse oficial da polícia passa diretamente da sala de tortura para o serviço do Senhor. (*Ibid.*, p. 217) Do outro lado, também se registram atrocidades. As sinistras execuções de "traidores" pelo método do "colar" continuam. O CNA, por sua parte, reconhecerá que liquidou sumariamente 82 de seus membros em campos de treinamentos no exterior.

Nelson Mandela e seus amigos, que já têm acesso à televisão, ao rádio e a jornais, assistem ao vivo ao naufrágio da pátria, em sua cela comum no último andar da "prisão de segurança máxima" de Pollsmoor, poucos quilômetros a sudeste da Cidade do Cabo. Da janela do grande cômodo de paredes caiadas de branco, se vê um pedaço de céu. Os quatro estão tristes por terem perdido a companhia de 26 companheiros: "Essa é outra indignidade da prisão", observa Nelson. "Os laços de amizade e solidariedade com outros presos não têm a menor importância aos olhos das autoridades." (Mandela, 1995, p. 615) Tratava-se de destruir a imagem de Prometeu acorrentado em seu rochedo batido pelos ventos? "Robben Island se tornara um mito que reforçava a luta, e elas [as autoridades] queriam destruí-lo nos transferindo de lá." Mandela exagera na sutileza que atribui aos governantes. O motivo é bem mais simples. O que as autoridades querem é ter à mão o líder do CNA porque nas altas esferas alguns audaciosos, ainda uma minoria, começam a pensar em negociação. Os bôeres conhecem o precedente com os detestados ingleses quando, em 1851, passando por cima da intransigência obstinada dos extremistas de seu campo, Pretorius entrou em contato com o governador Smith e assinou, no início do ano seguinte, a Convenção do rio Sand, que deu origem à República Sul-Africana.

Os prisioneiros de Pollsmoor não estão mais condenados às papas de milho três vezes por dia. Depois de tantos anos, voltam a comer carne e legumes, e de repente as refeições parecem verdadeiros "banquetes". Naquele mundo de concreto, não há canteiro para cultivar, mas Mandela consegue permissão para mandar fazer vasos gigantes que lhe permitem ter uma horta maior que a da ilha. Ganha sementes e até — maravilha das maravilhas! — um "excelente adubo". Que mais pode pedir? Tornou-se uma lenda viva, e tudo que lhe diz respeito é aumentado e distorcido. Queixa-se de que seus sapatos estão apertados, e logo se espalha o boato de que lhe amputaram um dedo do pé, o que o obriga, na visita seguinte da esposa, a lhe mostrar o pé descalço através do vidro para tranqüilizá-la. Têm direito a todos os jornais, incluindo a revista *Time*. O diretor da prisão, o general Munro, é "um homem honesto e prestativo". Os locutórios são mais modernos e ao invés de postigo têm um grande vidro que permite ver a visita da cintura para cima. A esposa pode visitar o marido e quem os vigia é James Gregory. O "carcereiro bom" dirige-se a Winnie com gentileza e deferência. Em vez de berrar "o tempo acabou!", diz "Mrs. Mandela, a senhora só tem mais cinco minutos". Que rara e espantosa maravilha ser tratado como um ser humano! Um dia, James Gregory abre uma porta para Winnie, e ela cai nos braços do marido: "Sonhei mil vezes com esse momento. Era como se ainda estivesse sonhando. Fazia 21 anos que nem sequer pegava na mão da minha mulher".

A África do Sul pensa lutar pela sobrevivência diante do "perigo comunista". Na verdade, está se transformando num Estado policial. As prisões são tantas — 25 mil em apenas seis meses — que os jornalistas estrangeiros já não encontram um único dirigente africano para entrevistar: estão todos na prisão ou na clandestinidade. Em 1980, o *Rand Daily Mail* escreve que "a guerra revolucionária começou". A partir de 1985, a polícia registra mais de 230 "atentados terroristas" por ano no território nacional. Confirma-se a profecia de Piete, o bôer lúcido do romance *The Turning Wheels* [As rodas]: "Esses cafres são como um búfalo ferido que, enquanto o perseguimos, parece fugir, mas basta darmos meia-volta para sentirmos seus chifres nas costas". (Cloete, p. 310) Em 1983, a onda de atentados assume a forma aterradora que hoje conhecemos. O primeiro carro-bomba explode em pleno centro de Pretória. Seu alvo era um centro de informações do Exército, mas deixa dezenove mortos e mais de duzentos feridos. Esse massacre de civis provoca um "profundo horror" em Mandela, mas ele confessa que já esperava, havia muito, que isso acontecesse acontecer. O clima não é nada propício para os negócios, e a cotação do ouro despenca.

Em novembro de 1983, P. W. Botha aprova por referendo um Parlamento de três câmaras, duas das quais outorgadas aos indianos e mestiços. Claro que as decisões destas últimas estão sujeitas ao veto dos brancos. Mandela fica furioso: acham que é tão estúpido para cair nessa armadilha? A manobra fracassa. Em 1984, Desmond Tutu recebe o Prêmio Nobel da Paz. O poder sonda seus adversários e procura dividi-los. No final de 1984 e início de 1985, alguns oficiais e um ministro fazem discretas visitas à prisão de Pollsmoor. "Mandela, podemos trabalhar com você, mas não com seus colegas. Seja razoável!" O detento os ouve, mas se recusa a entrar no jogo, pois sabe que está viciado. "Embora eu não aceitasse essas propostas, o simples fato de conversarem ao invés de atacar podia ser visto como um prelúdio a negociações de verdade." (Mandela, 1995, p. 625) O poder faz algumas concessões a propósito do "*apartheid* insignificante". Mandela responde: "Não pretendo me casar com uma mulher branca nem nadar numa piscina de brancos". Os mediadores entendem a mensagem.

Em 31 de janeiro de 1985, P. W. Botha causa sensação no Parlamento ao propor a libertação de Mandela se ele "rejeitar incondicionalmente a violência como instrumento político". A oferta é extensiva a todos os presos políticos. E conclui eximindo-se da responsabilidade do drama: "Agora não é mais o governo sul-africano que se opõe à libertação de Mr. Mandela. É ele mesmo!". A linha branca com que a manobra é costurada é mais grossa do que uma corda e, passado um primeiro momento de fúria, Mandela decide agir com prudência. Pede para dar uma resposta pública. Seu propósito é matar dois coelhos com uma cajadada só: tranqüilizar seus apoiadores quanto à sua lealdade, para o caso pouco provável de ela ser posta em dúvida, e, acima de tudo, dar a entender ao governo que, se este deixar de fazer manobras diversionistas, o caminho da negociação estará aberto.

No domingo, 10 de fevereiro de 1985, sua resposta é lida pela filha Zindzi diante da multidão que lota o estádio de Soweto. Note-se de passagem a habilidade do "comunicador" e seu senso dramático; as primeiras palavras de um homem que está há mais de vinte anos reduzido ao silêncio são pronunciadas por uma jovem enternecedora que o poder branco transformou em órfã: "Essas são as palavras do meu pai: estou surpreso com as condições que o governo quer me impor. Não sou um homem violento [...]. Adotamos a luta armada depois, e somente depois, que todas as outras formas de resistência se mostraram inviáveis [...]. Que Botha renuncie à violência. Que diga que vai acabar com o *apartheid!* [...] Que garanta liberdade de atividade política, para que o povo possa decidir quem irá governá-lo! Eu prezo muito minha liberdade, mas prezo mais ainda a liberdade de vocês." (*Ibid.*, p. 629) Na voz da jovem, o implacável requisitório é acompanhado por um canto ferido. O efeito é extraordinário. A multidão fica silenciosa por um longo momento. Depois, todos se levantam num vibrante *Nkosi Sikekel'i Africa*, o hino da África. Pieter Willem Botha, o primeiro-ministro obstinado, que não deve ser confundido com seu homônimo Roelf "Pik" Botha, ministro das Relações Exteriores, conciliador e lúcido, responde no seu estilo: "Mais uma vez, Mandela deu provas da sua intransigência e do seu espírito belicoso", disse na televisão, "ao se recusar a iniciar o processo de paz que lhe propomos". Os fanáticos aceitam essa versão dos fatos.

Em maio desse mesmo ano, o escritor Breyten Breytenbach escreve de Paris a Winnie: "O que ele pensa, estação após estação? O que lê? Pelos companheiros que estiveram com ele na prisão, sabemos que não mudou. Seu marido deve sentir amargura e cólera. Sua qualidade como dirigente contribui para realçar a dignidade humana. Assim como eles não podem se furtar à História, eles não podem destruir Mandela. Se nós, sul-africanos, tivermos a mínima chance de sair com um pouco mais de decência da barbárie imposta pelo regime minoritário atual, será graças a pessoas como você e Nelson Mandela".

Nas *townships*, a polícia e o Exército atiram à queima-roupa contra jovens que perderam o medo e os desafiam. Entre setembro de 1984 e o final de 1985, contam-se mais de setecentos mortos. Na comemoração do 25º aniversário do massacre de Sharpeville, as forças da ordem abrem fogo sobre a manifestação pacífica, deixando vinte mortos e muitos feridos. O estado de emergência é decretado praticamente no país inteiro. Os homens de negócios não gostam do caos: o congresso anual da Associação das Câmaras de Comércio vota uma resolução pedindo ao governo para "abrir negociação com os líderes negros, incluindo alguns que se encontram atualmente presos". Esse "alguns" visa na verdade Mandela, cuja liderança agora é reconhecida pelo mundo inteiro. Mike Tyson lhe envia as luvas com que conquistou o título de campeão mundial de boxe. Esse presente o comove mais do que qualquer chapéu de doutor *honoris causa*. O *Rand Daily Mail* publica uma carta assinada pelo pastor metodista de Pollsmoor, reverendo Dudley Moore, em que ele traça um retrato elogioso do detento: "Acho que as pessoas do nosso país precisam saber mais sobre este homem".

Mandela urina sangue e precisa extrair a próstata. É internado num excelente hospital, ou seja, um hospital reservado aos brancos. Está com 66 anos. A interminável provação teria esgotado sua energia vital? Teme-se que ele esteja com câncer, e o país inteiro fica em suspenso. James Gregory, que agora não deixa "seu" prisioneiro um momento sequer, ouve o seguinte comentário do general Munro: "Greg, se ele morrer nas próximas semanas ou nos próximos meses, o país vai mergulhar numa tal anarquia que fará o banho de sangue de Blood River parecer um piquenique." (Gregory, p. 242) Nada mais verdadeiro, mas o paciente é forte, e a cirurgia transcorre sem problemas.

Enquanto passeia pelos corredores do hospital, o operado se surpreende de receber tantos sorrisos. "De fato", observa seu "carcereiro bom", "é a primeira vez que ele se vê em meio a brancos comuns, que não são guardas prisionais, nem policiais, nem juízes, nem jornalistas, nem políticos [...]. Sua gentileza, seus modos amáveis, à moda antiga, encantam toda a equipe médica [...]. No final da primeira semana de convalescença, ouço risos no quarto dele e encontro seus vizinhos em amistosa brincadeira admirando a vista das janelas para a grama e as grandes árvores do parque." (*Ibid.*, p. 248) E eis que o ministro da Justiça Coetsee chega sem avisar, "como se viesse visitar um velho amigo [...]. Foi extremamente polido e atencioso, e nos limitamos a falar de amenidades". O convalescente, muito à vontade, apresenta as enfermeiras ao ministro, com uma palavra amável para cada uma delas. Gregory fica boquiaberto: "Eu o observo admirado. Sua calma, seu autocontrole, lhe permitem dominar a situação em poucos segundos e fazer todo mundo entrar no seu jogo, como um anfitrião recebendo convidados tímidos. Um verdadeiro artista!" (Gregory, p. 249)

Em frente ao hospital, uma pequena multidão de repórteres permanece de plantão. Munro entra pela porta dos fundos, recolhe seu hóspede e o leva em seu carro particular. Essa precaução surpreendente merece de Nelson um dos seus típicos *understatements*: "Não é muito comum diretores de penitenciária irem buscar presos no hospital". Sabe muito bem o que isso significa. De volta a Pollsmoor, constata que lhe reservaram um pequeno apartamento no térreo. Cheira a mofo e tem pouca luz, mas "para os padrões da prisão, é um autêntico palácio". Não resta a menor dúvida: as conversações estão para começar.

Quando? Como? A forma como Nelson Mandela administra essa dupla incerteza é, a meu ver, uma das mais belas mostras de seu gênio político. Nunca saberemos se os avanços seguidos de recuos e as promessas entremeadas de ameaças de seus adversários eram fruto de alta estratégia ou de indefinição. Mas ele age do início ao fim como um mestre da diplomacia e um estadista com nervos de aço. As semanas passam e nada acontece. É mais do que evidente que nas altas esferas ninguém quer demonstrar pressa. Só a mudança de regime penitenciário confirma àquele que dela se beneficia que é ele o inestimável "interlocutor válido": as ordens são para não negar nada a esse detento especialíssimo.

O ministro Coetsee, sempre na dianteira, decide que seria bom levar Mandela passear "para ele ver como o país está". O governo fornece dois Mercedes oficiais blindados, de vidro fumê e placas trocadas, pois é essencial que o líder não seja reconhecido. Carros de polícia sem identificação patrulham as estradas por onde ele passa. Encantado, Nelson descobre o ar condicionado e, "durante todo o trajeto, devora com os olhos tudo o que vê, brancos, negros, roupas, penteados, casas, flores, tudo aquilo de que esteve privado como um cego por duas décadas". (*Ibid.*, p. 265) Chega a se afastar 200 quilômetros da prisão. Um dia, o general Munro lhe pergunta se ele tem algum pedido especial a fazer. Nelson, sempre vaidoso, pede "Pantene azul", uma loção capilar que viu anunciada num jornal. Acontece que o produto deixou de ser fabricado nessa cor há muito tempo, mas ele não quer nem o verde nem o amarelo. Gregory passa quatro dias ao telefone até descobrir uma velha caixa do produto esquecida no depósito de uma loja. "Lamento ter dado tanto trabalho", disse Nelson, "mas o general não deve prometer o que não pode cumprir". Como é bom poder finalmente dar lições à administração penitenciária! O episódio deve ter vazado para fora da prisão porque, da noite para o dia, a procura por Pantene azul aumenta tanto que a fábrica se vê obrigada a retomar sua produção.

Os dois antagonistas partem de posições totalmente inconciliáveis. Para Pretória, os rebeldes são "comunistas", e é desnecessário dizer que não se fala com comunistas disfarçados de terroristas que se preparam para lançar o "assalto final" contra o "último baluarte da civilização na África". No entanto, em abril de 1985, o governo acabou admitindo que os bantustões o levavam para um beco sem saída, porque, além de sua pretensa independência não ser reconhecida pela comunidade internacional, eles de modo algum esvaziavam as *townships* dos milhões de negros que nelas viviam.

Em 30 de abril de 1985, no congresso do Partido Nacional, Botha propôs que os "cidadãos" dos bantustões fossem reintegrados à nação sul-africana. Trata-se de um recuo considerável. Pouco a pouco, as ilusões vão se desfazendo, antes de desaparecerem por completo.

Nelson Mandela sabe, há muito tempo, que seu país deve escolher entre uma solução pacífica e o naufrágio num banho de sangue. Como diz Pik Botha, usando uma metáfora, quando se atira numa zebra, tanto faz que a bala atinja uma lista preta ou uma lista branca. A sede de vingança de alguns negros é tão temível como a obstinação fanática de alguns brancos. Anthony Sampson descreve o clima reinante em agosto de 1985, um mês depois de decretado o estado de emergência: "Em Soweto, conversando com ativistas negros, senti que o estado de espírito mudara radicalmente: os estudantes secundaristas e seus pais pareciam agora confiantes na vitória e os que colaboravam com o poder pareciam preocupados com a idéia de que tinham apostado no cavalo perdedor". (Sampson, 1999, p. 338) Mas a notícia mais alarmante para o regime vem da Bolsa e dos banqueiros. Se a paz não for restabelecida, a economia naufragará e os donos do dinheiro não terão o que fazer com a superioridade do branco sobre o negro, garantida pela Bíblia. Um pequeno grupo de homens de negócios não hesita em visitar Oliver Tambo e a direção do CNA no exílio. Voltam todos impressionados com a moderação das declarações que ouviram e com a qualidade dos seus interlocutores. Tambo explicou-lhes que detestava a violência, pois era incapaz de matar uma formiga.

Em outubro de 1985, os Estados membros da Commonwealth decidem enviar a Pretória uma "missão de notáveis", chefiada pelo nigeriano Obasanjo, apesar de a idéia contrariar Mrs. Thatcher. Antes da visita, Mandela recebe o general Munro, que parece cada vez mais um gerente de hotel cheio de gentilezas com um cliente rico. Desta vez, ele vem acompanhado de um alfaiate, pois estava fora de cogitação o detento usar roupa de presidiário. "O alfaiate devia ser uma espécie de mágico, porque já no dia seguinte provei um terno risca-de-giz que me caía como uma luva. Também me deram uma camisa, uma gravata, sapatos, meias e roupa de baixo." "Mandela, você está parecendo um primeiro-ministro, e não um presidiário", diz Munro, entre admirado e levemente irônico. Depois, com nosso herói finalmente bem vestido, os "notáveis" aparecem. Querem saber, sobretudo, se o elegante prisioneiro é comunista e se é de natural violento. De fato, são essas as razões invocadas por Margaret Thatcher e Ronald Reagan para se recusarem a pressionar seus carcereiros.

Depois de quatro meses, a missão da Commonwealth consegue resultados consideráveis, mas os falcões estão vigilantes; o Exército sul-africano lança uma série de ataques contra as bases do CNA nos países vizinhos, e a delegação, indignada, apronta as malas. A decisão de obstruir o processo de paz partiu de P. W. Botha ou ele foi passado para trás pelos extremistas? Coetsee contará mais tarde que um dia o presidente mandou chamá-lo e disse: "Chegamos a um impasse. Tente encontrar uma saída". (*Ibid.*, p. 336)

Passam-se os dias, passam-se as semanas. Estamos em 1986 e a situação é cada vez mais grave. A convocação do CNA é no sentido de "tornar o país ingovernável" e a resposta a esse apelo supera suas próprias expectativas. É preciso ir além, mesmo que para isso seja preciso infringir a sacrossanta regra da tomada de decisão coletiva. Mandela corre o risco de perder apoio, porque a idéia de sentar-se à mesa com o inimigo racista é insuportável para a maioria de seus correligionários. "Sabia que meus companheiros do terceiro andar condenariam minha proposta, e isso a invalidaria de saída." Mas sabe, como Richelieu, que é preciso "negociar sempre, em todos os lugares e o tempo todo". E sabe também que "há momentos em que um líder tem de andar à frente do rebanho, ou tomar outra direção, confiante de estar levando seu povo no rumo certo". (Mandela, 1995, p. 634) Esse momento chegou. Escreve então ao general Willemse, ex-diretor de Robben Island e agora diretor-geral das prisões, para dizer que precisa vê-lo com urgência. O alto funcionário vem imediatamente e Nelson lhe diz que quer se encontrar com Coetsee. Dito e feito: é levado à presença do ministro num carro sem identificação e tem uma conversa de três horas com um homem que o impressiona por sua "seriedade e boa vontade". Qual o passo seguinte? Encontrar-se com Botha, claro!

O ministro anota o pedido e Mandela volta para seu apartamento penitenciário. É a primeira vez que ele se sente feliz por estar no isolamento. Assim não corre o risco de ser questionado: "Às vezes, é preciso apresentar aos nossos companheiros uma medida política que já é fato consumado". Perigosa máxima essa, que só vale para os grandes homens, mas Mandela é um deles. De resto, já pensou num pretexto: em caso de fracasso, o movimento pode culpar o "velho" a quem uma prisão muito prolongada roubou a lucidez.

Talvez a decisão mais difícil de toda sua vida tenha sido tomada nesses dias e nessas noites de reflexão solitária. Eu sei como é difícil segurar as duas pontas da corda: negociar com o adversário nos bastidores e manter uma atitude firme. Só os estadistas conseguem fazer isso. Mandela está sozinho, numa posição particularmente arriscada, diante de um governo que tenta isolá-lo de seus companheiros. Além disso, desconhece as inúmeras sondagens e conversas preliminares sobre o futuro de seu país que acontecem em Lusaka, Pretória ou Londres. Qualquer passo em falso pode destruir sua liderança.

Botha não responde. Estará conformado ou resolvido a levar a repressão até o fim? Como Fausto, pode dizer que tem duas almas dentro do peito. Ora arrogante, ora quase conciliador, sofre pressões crescentes e sente que o tempo trabalha contra ele. Teimoso como só um bôer pode ser, resiste quando tentam convencê-lo. Chega a dizer que não engajou na luta um décimo das forças de que dispõe, o que é verdade, mas sabe que a vitória, nesse caso, não depende de efetivos. Conta, sobretudo, com as divisões entre os africanos. Todos os conservadores apostam no chefe Buthelezi que aceitou o sistema dos bantustões. O líder zulu faz jogo duplo: em público apóia Mandela, mas em privado alerta para os perigos de sua libertação. Chega a aceitar que alguns de seus homens sejam treinados pelo Exército sul-africano numa base militar discreta, com o único objetivo de combater o CNA. Em suma, ao mesmo tempo em que deplora virtuosamente a "violência", joga mais lenha na fogueira. O resultado das eleições de maio de 1987 é encorajador para Botha: o Partido Nacional consegue uma vitória que se traduz em 82% dos votos dos eleitores de direita e de extrema direita. Desmond Tutu declara que "a África do Sul entrou na idade das trevas, no período mais sombrio de sua história". O sacerdote devia confiar mais na Providência Divina e se lembrar de que o desespero é pecado.

Em julho, a Grã-Bretanha envia um novo embaixador a Pretória. Robin Renwick é um homem hábil e insinuante, que não compartilha da intransigência doutrinária de Mrs. Thatcher. Ele tenta convencer Botha a libertar o ilustre prisioneiro, mas também esbarra na teimosia do presidente. Enquanto isso, as autoridades tratam Mandela com o maior cuidado para o manterem em boa forma física e moral, sem perceber, contudo, que a umidade do simpático mas insalubre apartamentinho em que o instalaram acabará causando-lhe um princípio de tuberculose. Passeiam o detento mais famoso do mundo pela cidade, e ele se admira ao ver que ninguém o reconhece na rua, esquecendo-se de que sua foto mais recente que circula é de em 1962.

Por fim, Botha resolve fazer uma proposta concreta, cercada de mil precauções: nomeia um "comitê" de quatro membros para negociar secretamente com Nelson Mandela. Nesse pequeno grupo, dois altos funcionários das prisões fazem figuração inteligente: no caso de vazamento de informação para a imprensa, pode-se fingir que a conversa era sobre melhoria das condições de vida dos detentos. O verdadeiro interlocutor é Niel Barnard, o jovem e brilhante chefe do National Intelligence Service (NIS), a CIA sul-africana. Barnard, bem informado por profissão, costuma dizer em privado que é preciso chegar a um acordo com o CNA "antes que eles nos encostem na parede". Paralelamente, o NIS faz contato com outros dirigentes do CNA, entre os quais Govan Mbeki. Explora todas as vias possíveis para um eventual entendimento, passem elas por Dacar ou por Londres, mas a palavra "negociação" é tabu.

Desta vez, Nelson quer falar primeiro com seus companheiros do terceiro andar. O encontro é autorizado e, de novo, ele demonstra seu talento político, evitando contar-lhes tudo de uma vez. Eu próprio constatei isso muitas vezes: um homem público, para "fazer passar" uma decisão, tem que se tornar um aliado do tempo e, portanto, avançar por etapas. A verdade que pode chocar nunca deve ser apresentada sem muitos cuidados. Mandela falará a seus amigos sobre "conversas eventuais", sem dizer uma palavra sobre o comitê *ad hoc*. E tem razão: mesmo nestes termos, a perspectiva é aceita com dificuldade. Raymond Mhlaba é totalmente a favor, Ahmed Kathrada é violentamente contra e Walter Sisulu, que é, sem dúvida, dos três, aquele cuja opinião pesa mais, hesita, mas tende a depositar inteira confiança no amigo. Nova espera: é preciso ter nervos de aço para resistir a tanta incerteza.

Finalmente, em maio de 1988, realiza-se o primeiro encontro com o comitê, tendo por cenário o refeitório dos oficiais da prisão. Haverá uma reunião por semana, destinada a recapitular e ajustar as posições. As conversações durarão meses. Mandela acha Barnard "brilhante", mas é com surpresa que verifica que mesmo esse superdotado se deixou levar pela propaganda e está profundamente convencido de que os comunistas controlam o CNA. Talvez se trate apenas da recaída de um racismo inconsciente. Como os brancos e os indianos são maioria na direção do PC, é tentador pensar que ditam sua lei aos negros, menos dotados para a política. A outra grande dificuldade reside na negociação com "terroristas", interlocutores impossíveis por definição. É a famosa "precondição da renúncia à violência". Se o CNA a aceita, fica de pés e mãos atados e dá a seus militantes a impressão de uma capitulação em campo aberto. Se o poder branco não a obtém, perde a credibilidade frente a seus eleitores, porque prometeu que nunca negociaria com "assassinos". Quando é posto diante desse dilema, Mandela só tem uma resposta: cabe aos brancos resolver o problema que criaram. "Não queremos jogá-los no mar, digo a eles." (Mandela, 1995, p. 646) Mas como convencer disso uma população que tem certeza absoluta de que esse é o sonho dos "cafres"?

Em julho de 1988, o septuagésimo aniversário do recluso é tão ruidoso que Ahmed Kathrada diz numa carta a um amigo que "nunca um nascimento foi tão celebrado, desde o de Nosso Senhor Jesus Cristo". Chovem mensagens e, em Londres, a BBC organiza um enorme concerto de rock em homenagem ao detento, para furor da Dama de Ferro, que continua fiel à tese da faca nos dentes. Uma prova muito dura espera o alvo de tantas homenagens. À tragédia nacional vem juntar-se um drama pessoal. Winnie, que nunca primou pela moderação, acaba de perder a cabeça. Em Soweto, ela "acha que está na vanguarda da luta armada, com sua casa como fortaleza". (Sampson, 1999, p. 373) Patrocina um "Mandela Football Club", que não passa de um bando de jovens marginais que espalham o terror na vizinhança e executam os "traidores". As revelações sobre o comportamento de Mummy são consternadoras. Em 1988, uma gangue rival, depois de uma batalha sangrenta, põe fogo na casa dos Mandela, no número 8.115 de Orlando West, a sede do "clube". Nelson esperava um dia poder ir até lá para reencontrar seus guardados, suas fotos e seus arquivos. Fica arrasado: "Perdemos até a fatia do bolo de noiva que Winnie guardava para o dia em que eu saísse da prisão", conta ele, sem culpar a mulher de quem um dia irá se separar por causa de seus excessos. Por ora, ela se muda com sua gangue para uma casa luxuosa cedida por um amigo americano. Por sete meses, seus jovens protegidos cometerão atrocidades cada vez maiores.

Exaurido pelas intermináveis negociações, Mandela adoece. Os exames revelam a presença de líquido nos pulmões e um princípio de tuberculose. É internado num hospital e operado com urgência. A convalescença transcorre numa clínica de luxo. As reuniões com o comitê secreto continuam na cabeceira de sua cama. Finalmente, em 9 de dezembro de 1988, é transferido para um sítio nas cercanias da prisão de Victor Verster, mas bem afastado das instalações penitenciárias. Visivelmente destinada ao diretor, a casa tem jardim e piscina. "Não havia grades nas janelas, nem tilintar de chaves, nem portas abrindo e fechando." O que mais agrada Mandela é o fato de poder fazer o que bem entende, sem horário nem controle. As autoridades chegam até mesmo a designar para ele um empregado africânder, simpático, totalmente *colorblind* e excelente cozinheiro. "O lugar e a situação eram muito agradáveis, a meio caminho entre a prisão e a liberdade." (Mandela, 1995, p. 655) No dia seguinte à mudança, de tarde, recebe a visita de Coetsee, que leva uma caixa de vinho do Cabo para inaugurar a casa. Situação prazerosa, mas ubuesca: não querem libertá-lo, mas o prendem com grilhões de ouro, como faziam os antigos para "honrar" os soberanos cativos. James Gregory, misto de carcereiro e homem de confiança, lhe faz companhia. Um dia, conta a ele uma idéia recente que não lhe sai da cabeça:

> — Ser livre, negociar e conseguir uma verdadeira democracia, com direitos iguais de voto para todos, negros, brancos, mestiços e indianos, isso quer dizer que o senhor vai ser presidente do nosso país, não é?
> — Até que não é má idéia, Mr. Gregory.

Nelson sorri por dentro, deixa passar alguns segundos e acrescenta:

> — Mas isso também significa muitos problemas a resolver, muitas dificuldades a superar antes de chegar lá. Como o senhor sabe, antes de correr é preciso aprender a andar! (Gregory, p. 298)

Winnie é autorizada a visitar o detento e até a permanecer no sítio o tempo que quiser. Ela se recusa a ficar uma noite sequer enquanto as mulheres dos outros prisioneiros não tiverem o mesmo privilégio. A razão é nobre, mas será a única? Todo mundo sabe que ela não concorda com a estratégia "moderada" do marido.

Uma complicação inesperada afeta a saúde do presidente Botha. Um acidente vascular cerebral torna-o, dizem, "ainda mais irascível". No entanto, é com grande amabilidade que esse bôer caricatural recebe seu inimigo jurado em 5 de julho de 1989. Mandela se preparou para a entrevista com o mesmo cuidado que teria se fosse sua defesa de doutoramento. Estudou muito bem suas anotações, releu o memorando e ouviu os conselhos de Kobie Coetsee e Niel Barnard que, ainda mais preocupados do que ele, lhe recomendaram que evitasse tudo que pudesse aborrecer seu colérico patrão. Mas este se mostra "sempre gentil, respeitoso e amigável". Ao redor de uma grande mesa, os quatro homens falam da história e da cultura sul-africanas. O prisioneiro, de terno novo e em plena forma, compara sua luta com a dos africânderes contra o domínio britânico sem que essa blasfêmia faça cair sobre ele a ira de Botha. O supremo tabu foi suspenso: o chefe dos bôeres se encontrou com o chefe dos "cafres". "Agora, eu sentia que era impossível voltar atrás." (Mandela, 1995, p. 665)

O mecanismo, no entanto, continuará emperrando; um mês depois, o presidente sul-africano se demite de uma de suas duas funções. Continua como chefe do Estado, cargo meramente honorífico, mas entrega a direção do Partido Nacional, isto é, o exercício efetivo do poder, a Frederik Willem de Klerk. Esse antigo ministro da Educação parece um dócil burocrata, mas Mandela não se deixa enganar pelas aparências; observa e ouve o recém-chegado e, em suas primeiras declarações, detecta uma "ruptura total" com seu antecessor. De Klerk não é um dogmático que consulta Deus no monte Sinai. É um empírico que "considera a mudança necessária e inevitável" e não tem nenhuma vocação para o suicídio num *bunker*. Lembra outro *apparatchik* famoso, Gorbachev, que Mrs. Thatcher considera "um homem com quem se pode fazer negócios". Abre o jogo, mostrando que não pretende blefar: organiza-se na Cidade do Cabo uma marcha contra as brutalidades policiais e ele a autoriza, exigindo apenas que a manifestação seja pacífica. No dia de sua posse, Mandela escreve a ele pedindo uma audiência. Desta vez, com a certeza de que terá resposta.

Em outubro, De Klerk anuncia a libertação de parte do estado-maior do CNA. Os ocupantes do último andar da prisão de Pollsmoor estão entre eles, inclusive Walter Sisulu. Em seguida, o "*apartheid* insignificante" é revogado, e todos os locais públicos, desde a praia até o teatro, são abertos a todas as raças. Finalmente, De Klerk concede a Mandela uma audiência, que desta vez o prisioneiro prepara como um exame oral de recuperação, convocando todos os seus amigos para o sítio penitenciário, transformado no quartel-general do CNA proscrito. Longos telefonemas são feitos para Lusaka e, pela primeira vez, a direção "do exterior" pode ajustar posições com os detentos. Redigem, em conjunto, uma carta a De Klerk em que reafirmam as posições da organização, começando pela recusa da "precondição da suspensão da luta armada". Mandela insiste no argumento decisivo: o conflito em curso está arruinando a África do Sul e, sem conversações, o país caminha para o desastre.

O encontro se realiza em 13 de dezembro de 1989. Mandela, sempre polido, felicita o novo presidente que, por sua vez, "se mostra sinceramente empenhado em ouvir e compreender o que lhe dizem". Desta vez, o desacordo de fundo incide sobre os "direitos das minorias", fórmula pela qual os africânderes entendem uma definição tão abrangente de sua proteção que equivaleria a "deixar o *apartheid* entrar de novo pela porta dos fundos". Com sua habitual lucidez, Mandela percebe a armadilha. Na política, muitas vezes uma formulação sedutora é apenas o disfarce de uma realidade nem tanto, quando não de um mero "efeito publicitário". Não foi para ver o *apartheid* reaparecer sob uma forma disfarçada que o CNA lutou contra ele durante três quartos de século.

Em 2 de fevereiro de 1990, De Klerk põe as cartas na mesa: na sessão de abertura do Parlamento, profere um discurso histórico que deve ter feito os Pais Fundadores se revirarem no túmulo. Anuncia a suspensão das proibições impostas ao CNA, ao PAC, ao Partido Comunista e mais trinta organizações ilegais; a libertação dos presos por delito de opinião e a suspensão da pena de morte, concluindo:

"Chegou a hora da negociação". Em poucos minutos, desaparecia uma esclerose de dois séculos. "É um momento emocionante", comenta Mandela. E, em 9 de fevereiro, o presidente torna a convocar o prisioneiro, para lhe dizer que será libertado no dia seguinte. Mandela pede um adiamento de oito dias para o CNA se preparar, mas depara com uma recusa. Alguns anos depois, Barnard dirá a Anthony Sampson que receava que o país inteiro mergulhasse num levante popular idêntico ao que marcara, dez anos antes, a volta do aiatolá Khomeini ao Irã. Paradoxalmente, o último pedido do detento Mandela, recusado como tantos outros, foi o de retardar o dia pelo qual espera há 27 anos.

O balanço dessa interminável prisão foi feito por Desmond Tutu: "Esses 27 anos lhe permitiram forjar um caráter de aço. Sem eles, talvez não tivesse sido capaz de tantas demonstrações de magnanimidade e compaixão. Os sofrimentos que suportou lhe conferiram uma autoridade e uma credibilidade que nada mais poderia lhe dar". (p. 45) No dia seguinte, levanta-se às 4h30 para o dia mais bonito da sua vida. Tem tantas pastas e tantos livros para arrumar em meia dúzia de caixotes e caixas de papelão que, absorto nessa tarefa, não deixa transparecer nenhuma emoção.

A cena da saída da prisão, em 11 de fevereiro de 1990, já foi descrita tantas vezes que nos abstemos de repeti-la. Das páginas que o herói da história lhe dedica, destaca-se uma frase: "Quando me vi no meio da multidão, ergui o punho direito e ouviu-se um clamor. Esse gesto, que estive proibido de fazer por 27 anos, me deu uma enorme sensação de força e de alegria". Na minha lembrança ficará a imagem radiante, na saída da prisão, de um casal de velhos esposos que, de mão dadas, parecem jovens recém-casados.

Apesar de todo o prestígio de Nelson Mandela, alguns de seus apoiadores estão desiludidos com sua atitude e temem que ele os tenha traído. No final de 1989, uma delegação de dezoito ativistas do movimento fica chocada com "sua apresentação impecável, seu conservadorismo e o elogio que faz a De Klerk". Um deles lembra de ter suspirado, ao sair do encontro: "Esse sujeito acabou". (Sampson, 1999, p. 401) Os guerrilheiros do MK acham que lhes roubaram a vitória: muitos deles eram tão ingênuos que acreditavam na possibilidade de vencer militarmente o regime. Mas logo fica evidente que "Mandela aproveitou seu esplêndido isolamento para unir, e não para dividir". (*Ibid.*, *loc. cit.*) As precauções que tomou, a constante preocupação em não se desligar do CNA tornam absurda a suspeita de que tenha agido isoladamente. Reservas e inquietações são varridas por uma onda de confiança a que ninguém consegue resistir.

Dois homens estão agora cara a cara: um presidente dos brancos condenado a sair de cena, mas que ainda dispõe de todos os meios do Estado e um negro que triunfa, mas a quem tudo falta. Uma nova África do Sul pede para nascer e provoca uma vertigem angustiante em todos os que viveram na velha. Será que os oprimidos de ontem cederão aos demônios da vingança? Não será tarde demais? "Só temo", diz um dos negros de *Cry the Beloved Country*, "que no dia em que eles começarem a amar, percebam que nós começamos a odiar." (Paton, p. 418) E ainda: "Quem nos dirá como conseguir a paz num país onde o número de negros é muito maior que o de brancos?". (*Ibid.*, p. 127) A minoria se fechará na recusa da democracia e do princípio "um homem, um voto"? Pode-se esperar uma conversão de quem sempre considerou os "cafres" inferiores, se não inimigos? A comunidade africana está longe de estar unida e solidária. A importante etnia zulu quer formar um grupo à parte com o chefe Buthelezi. Alguns notáveis mantiveram para com o branco a atitude respeitosa do Pai Tomás. São muitos os antigos colaboradores do poder. A polícia e o Exército têm em suas fileiras milhares de negros. Como evitar o massacre dos harkis que, trinta anos antes, manchou a independência da Argélia?

Os problemas de Mandela-Próspero estão longe de ter acabado. Domar Calibã é apenas uma de suas missões: terá de provar, acima de tudo, que é capaz de fazer prevalecer a imagem ideal de seu país que traçou na *Carta da Liberdade*. Não se fiando na retórica do "salvador da pátria" que tanto malefício causou no Terceiro Mundo, se propõe "dizer ao povo que não era nenhum Messias, mas um homem comum que circunstâncias extraordinárias transformaram em líder". (Mandela, 1995, p. 681) Não é a primeira vez que vemos o adjetivo "comum" ser usado para um homem que o é tão pouco. Acontece que ele, consciente de ter-se tornado uma lenda, teme uma desmobilização do tipo "Madiba sabe tudo e pode tudo. Ele vai resolver tudo, não precisamos mais nos preocupar". Mais uma vez pecando por sinceridade — mas é um pecado nobre — diz ter visto em De Klerk um "homem íntegro". Quando tiver duros confrontos com ele, seus amigos, meio brincando, meio a sério, não deixarão de lembrá-lo desse seu juízo. É preciso ter muito jogo de cintura para admitir, como ele o faz, que não existe "nenhuma contradição entre meu apoio à luta armada e minha disposição para negociar". Os brancos estão convencidos do contrário.

O problema mais preocupante é o da nova geração; os filhos do *apartheid* tiveram por única escola a cólera e o medo. Nelson Mandela terá de conseguir, em escala nacional, o que levou a bom termo com tanta dificuldade em Robben Island, quando chegaram os primeiros garotos guerrilheiros, fechados em sua raiva. Sempre soube que em qualquer atividade política é importante pensar nos jovens. Não, tendo a juventude como um modelo que os adultos adotariam para agradar aos filhos, mas porque é na juventude, e só nela, que estão as chaves do futuro. A educação básica é o setor prioritário por excelência e é escandaloso negligenciá-la, como tantas vezes acontece em nosso país. Mas os direitos da juventude não estão totalmente garantidos. Mandela odeia o racismo e por isso não quer deixá-la naufragar no racismo contra os brancos. É preciso lhe oferecer uma perspectiva, despertar nela o desejo de participar da luta pelo progresso, acender a chama nos espíritos e nos corações. Mas como é difícil abrir caminho para a democracia sem que a demagogia se instale! O essencial é suscitar, como gostava de dizer Maurice Clavel, uma "insurreição da vida".

O desafio é gigantesco e Nelson Mandela tem perfeita consciência disso. Sua vitória ainda pode soçobrar no caos, na divisão e no sangue. Por isso, esse mágico não se cansa de dizer que não tem nenhuma varinha. Compreendeu logo de onde vem o perigo. Se parecer que está se distanciando, por menos que seja, do CNA, enfraquece sua posição de negociador e causa uma imensa e dolorosa decepção a seus apoiadores. Deve afirmar, com ênfase, que compartilha as posições do movimento, mesmo que depois tenha de matizar suas declarações, e tanto pior se essas posições contrariam o outro lado. Insiste na necessidade da luta armada —

"porque não temos outra alternativa" —, recusa-se a renunciar a ela, presta homenagem a seus aliados comunistas. Em suma, faz o oposto do que os seus interlocutores brancos esperavam que fizesse. Estes ignoram, ou fingem ignorar, que ele sempre foi totalmente solidário ao CNA, que seus contatos com o inimigo enquanto estava em total isolamento preocuparam seus companheiros e que para convencer um grupo ao qual se antecipou tem de reuni-lo falando numa linguagem que ele entenda. Aqueles que não o conhecem bem interpretam sua "radicalização" como uma prova de que sua moderação, suas promessas e boas maneiras ao longo de centenas de horas de conversa eram apenas astúcia tática e hipocrisia.

Frederik de Klerk ofende-se, julgando-se enganado. As relações entre os duetistas tornam-se tensas. Margaret Thatcher denuncia as "velhas frases rituais", e seu conselheiro e guru para a África do Sul, o africânder Laurens van der Post, sentencia que "o sofrimento não ensinou nada" ao orador. É um completo contra-senso. A primeira entrevista coletiva desfaz muitos preconceitos: Mandela mostra-se perfeitamente à vontade, como se em toda a vida não tivesse feito outra coisa, e seu tom simples e familiar reforça sua sinceridade ao falar na ausência de rancor e no seu sonho de uma África do Sul democrática e aberta a todos. O *Financial Times*, em termos diplomáticos, vê um "primeiro indício de que a confiança da África do Sul negra em Mr. Mandela talvez não seja injustificada". (Sampson, 1999, p. 410)

Há quem veja na atitude de Mandela nessa época apenas a habilidade de um grande político. Essa não é minha opinião: a fidelidade a si mesmo e a seus compromissos é a melhor garantia do homem público em circunstâncias muito difíceis. A nobreza da política não está num *savoir--faire*, mas num *savoir-vivre*. Frente a uma situação extremamente delicada, Mandela não recorre a manobras, assim como, entre nós, Pierre Mendès France não manobrava: diz o que pensa, mas é hábil o suficiente para dizê-lo no melhor momento e diante do público certo. Para isso, também colabora seu talento de ator nato: não esquece que, no ponto a que chegou a tragédia de seu país, ele é o príncipe da Tempestade que irá conjurar a desgraça. Serenidade para isso não lhe falta: quem o conheceu antes de ir para a prisão e o encontra agora fica pasmo. Não resta nada da antiga arrogância. Garante — mas se pode acreditar nele? — que seus companheiros de prisão não têm rancor nem desejo de vingança. Todos o acham tranqüilo, sorridente, amigável. Usa de seu encanto natural e se mostra cordial com pequenos e grandes, com uma gentileza matizada de humor, como se pedisse desculpa por ser uma estrela. De fato, está resolvido a evitar o "culto da personalidade" que virou a cabeça da maior parte dos chefes de Estado africanos.

Tem início para ele uma vida febril e agitada, o extremo oposto do sombrio isolamento da prisão. Descobre os jatos internacionais, os tapetes vermelhos, as guardas de honra e as residências para hóspedes oficiais. Sua primeira viagem, duas semanas depois de libertado, o leva a Lusaka para uma reunião da Executiva Nacional do CNA. Estão presentes os velhos companheiros, além de alguns chefes de Estado africanos. As pessoas o olham discretamente: quem é afinal esse desconhecido famoso? "Eu podia adivinhar as perguntas nos olhos deles. Será que Mandela continuava a ser o homem que foi preso [...] ou seria um outro Mandela, um Mandela diferente? Teria sobrevivido ou teria sido aniquilado?" (Mandela, 1995, p. 689) Logo tranqüiliza a quem supunha que um terno com colete, um sítio e algumas frases amáveis pudessem transformá-lo num parceiro transigente.

Importa também desfraldar mundo afora a bandeira de uma África do Sul que a estatura internacional do prisioneiro de Robben Island ajudará a criar. Nos seis meses seguintes à sua libertação, passa mais tempo no exterior que em seu país. Naturalmente, a prioridade é a África. No vizinho Moçambique encontra Graça Machel, viúva do presidente Samora Machel, falecido quatro anos antes num misterioso acidente de avião, a quem enviou da prisão uma carta de condolências. Ela é 28 anos mais jovem que Nelson e ainda está de luto. Os dois se encontrarão novamente quando ela for à Universidade da Cidade do Cabo receber um diploma de doutor *honoris causa*. Mais tarde, confessará a amigos que compreendeu de imediato que aquela mulher seria a companheira dos anos que lhe restavam.

No Cairo, quando introduz num discurso uma breve frase, garantindo que o CNA está disposto a "considerar a cessação das hostilidades", a multidão entusiasmada o empurra tanto que ele chega a perder um sapato. Na Índia, é saudado com 21 tiros de canhão como chefe de Estado, coisa que ainda não é. Na Europa, inicia seu giro pelos países nórdicos. "Os governos europeus nos recusaram seu apoio", explicará Nelson, "mas a Noruega e a Suécia nos receberam de braços abertos e nos deram assistência, bolsas de estudo, dinheiro para defesa jurídica e ajuda humanitária para nossos presos políticos." (*Ibid.*, p. 739) Em Estocolmo, visita Oliver Tambo que, aos 72 anos, se recupera com dificuldade de uma crise cardíaca. O reencontro dos dois antigos sócios é um grande momento de amizade feliz. Oliver lhe pede que assuma a presidência do movimento e Nelson recusa: a decisão cabe aos militantes e o momento ainda não chegou.

Em Paris, é recebido "com pompa e circunstância" nos Champs Élysées e agradece Danielle Mitterrand por ter-se empenhado pessoalmente na sua defesa nos tempos difíceis. Em Londres, recebe um convite de Mrs. Thatcher, mas aceitá-lo seria levar a complacência longe demais. A Dama de Ferro defende a suspensão das sanções internacionais contra a África do Sul, ao passo que o CNA preconiza sua manutenção enquanto o novo regime do país não estiver definido. Quando afinal se encontram, ela se mostra "franca e interessada", mas não se deixa convencer, apesar de achá-lo simpático e extremamente amável. Mais uma vez, o charme deu bons resultados. Em Cuba, agradece Fidel Castro pela ajuda recebida e lembra que as tropas cubanas colaboraram para a derrota dos sul-africanos em Angola, em 1988.

Nos Estados Unidos, os afro-americanos reservam ao negro mais famoso do mundo a acolhida triunfal de um campeão mundial de boxe. Em Nova York, o Empire State Building é iluminado em sua homenagem com as cores do CNA; em Washington, fala numa plenária do Congresso e recebe uma *standing ovation* de três minutos. O presidente George Bush, primeiro chefe de Estado a telefonar para Nelson quando ele saiu da prisão, e seu secretário de Estado, James Baker, crivam-no de perguntas até se convencerem de que ele não é comunista e é um homem aberto ao diálogo sério. Transmitem, por telefone, ao presidente De Klerk essa boa impressão. Onde quer que vá, o peregrino da liberdade parece só ter admiradores. "Ele é", escreve a revista *Time*, "o herói que sai de seu túmulo simbólico e renasce para a vida". (Sampson, 1999, p. 417) Aos olhos do mundo inteiro, nas palavras de Nadine Gordimer, ele se tornou a "personificação do futuro" da África do Sul, a ponto de o próprio De Klerk, eclipsado mas ainda presidente, mostrar-se ofendido. Os antigos combatentes da Guerra Fria, que haviam feito de Mandela um ogro comunista, "abrem os braços ao nobre ancião que tem tão boas maneiras e demonstra tanto interesse pelas democracias ocidentais". (*Idem*, 2003, p. 36)

Nelson faz algumas de suas viagens na companhia de Winnie, mas o casal deslumbrante que as pessoas admiram nas recepções está secretamente dilacerado por um conflito sentimental e político. O preso acalentava o sonho de voltar a ter uma mulher e um lar. A separação, longa demais, teve efeitos nefastos, e a militante exemplar está longe de ser um modelo de esposa. Suas múltiplas infidelidades são de conhecimento público, e há quem fale em "suas voltas para casa, cambaleante, de madrugada, quando era preciso carregá-la até a cama". "Nós nos perguntávamos", conta Fatima Meer, "como um semideus podia viver com uma bruxa." (*Ibid.*, p. 71) Winnie tem grande projeção sobre os jovens, atraídos por sua linguagem belicosa. Agora a "Elefanta" (*Indlovukazi*) — seu apelido — mete alegremente o bedelho nos assuntos do marido. Arma um escândalo porque ele falou na "integridade" de De Klerk, que ela considera "tão criminoso quanto Pieter Botha". Reagiu muito mal à suspensão da luta armada: "Fiquei indignada!", confessará alguns anos depois. "Não se podia pedir às pessoas que atirassem as lanças no mar quando estavam sendo massacradas pelo inimigo e nosso povo era morto às centenas".

Considera o Prêmio Nobel que o marido recebe "um suborno e um gigantesco complô para fazer dele um instrumento da paz do homem branco". (Sampson, 2003, p. 98)

Surgirá, porém, um problema ainda mais grave do que a dissensão política. Um processo judicial é instaurado contra Winnie depois que, em meados de dezembro de 1988, seus "futebolistas" seqüestram e matam um jovem negro, Stompie Seipei. Existem bons motivos para presumir sua cumplicidade, ao menos passiva. O processo dá entrada no tribunal em fevereiro de 1991. Nelson, que continua fascinado por aquela mulher excepcional, dá provas de total lealdade, trata de lhe garantir uma boa defesa e se declara convencido de sua inocência. Nunca se saberá o que, de fato, ele pensa sobre o caso. Winnie, que sustenta, com veemência mas sem muito poder de convencimento, que o caso é político, é condenada a seis anos de prisão e sai do tribunal de punho erguido. Recorre da sentença, e a pena é reduzida para dois anos, com sursis e multa de 15 mil rands. "Dei todo o apoio à minha mulher, a quem pode ter faltado discernimento, mas que não era culpada das acusações mais graves", conta Mandela. (1995, p. 661) Quando, dois anos depois, a Comissão Verdade e Reconciliação se ocupa do caso, fica claro que não foi só discernimento que faltou à Passionária negra, o que é confirmado por seus "futebolistas". "Matei o Stompie por ordem da *Mummy*. A *Mummy* nunca matou ninguém, mas nos usou para eliminar uma porção de gente [...]. Contei para *Mummy* que eu tinha matado o Lerothodi, e ela me abraçou dizendo: 'Meu menino, meu menino!'." (Tutu, p. 134) O motorista de Winnie desmente esse depoimento e afirma que foi ela quem planejou pessoalmente a agressão contra Stompie.

Mesmo sem levar em conta esse caso de justiça, o comportamento da esposa de Nelson é cada vez mais humilhante para ele. Aparece em público com o amante, um advogado trinta anos mais novo que ela, que é seu assistente na direção dos serviços sociais do CNA. Leva-o em viagem semi-oficial aos Estados Unidos. Quando descobre que ele a engana, escreve-lhe uma carta, que acaba chegando às mãos da imprensa, onde a fúria do ciúme se mistura a estranhas insinuações sobre desvio de dinheiro. Obrigado pelo escândalo a pedir a separação, Madiba a anuncia com generosidade e elegância, numa entrevista coletiva em que afirma sua inabalável fidelidade à "companheira Nomzamo": "Meu amor por ela permanece intacto". Nesse episódio sórdido, ele se comporta como o homem generoso e o cavalheiro que é.

No dia 2 de julho de 1991, o CNA realiza em Durban sua primeira conferência nacional em trinta anos. Alguns participantes criticam Mandela, mas mesmo assim ele é eleito por unanimidade para suceder Tambo à frente do partido, que se instala num grande imóvel no centro de Johannesburgo. Ladeado por Sisulu e Tambo, septuagenários como ele, Nelson Mandela é agora o líder inconteste do movimento. Seu objetivo continua a ser a união a qualquer preço. O mesmo que anunciou no estádio de Soweto, pouco depois de ter sido libertado, diante de uma multidão imensa. "Acabei", conta ele, "abrindo os braços a todos os sul-africanos de boa vontade e bem intencionados, dizendo que nenhum homem ou nenhuma mulher que tenha abandonado o *apartheid* será excluído da nossa luta para uma África do Sul não racial, unida e democrática, baseada no princípio um homem, um voto [...]. Essa era a missão do CNA, o objetivo que sempre tive durante os longos anos de solidão." (Mandela, 1995, p. 687)

Como era de se esperar, a polícia faz o possível para torpedear as conversações em curso. Abre fogo contra manifestantes pacíficos e prende quarenta membros do CNA por "conspiração comunista", usando como prova um disco rígido de computador esquecido em Durban por militantes imprudentes. O episódio não tem maiores conseqüências, mas fortalece De Klerk. Por outro lado, o incidente contribui para a percepção de que a insistência do CNA numa luta armada em grande medida simbólica tem mais inconvenientes do que vantagens. Joe Slovo, secretário-geral do Partido Comunista, é o primeiro a se dar conta disso. Visita secretamente Mandela para propor sua suspensão, pelo menos provisoriamente. Trata-se de uma decisão muito difícil de ser aceita pelas bases, mas Madiba, como bom tático que é, congratula-se com fato de ser um comunista de "engajamento radical" quem faz a proposta. Promete-lhe que o apoiará na reunião da Executiva Nacional. Não sem dificuldade, consegue aprovar a decisão, impopular mas indispensável. Se for necessário, poderão voltar a pegar em armas, garante ele.

Essa clara demonstração de boa vontade reabre as negociações e, em 6 de agosto de 1990, o CNA assina o "acordo de Pretória", que tem por objeto esse problema capital. De fato, o rumo desastroso que os acontecimentos tomam tem a ver, antes de mais nada, com as divisões entre os próprios africanos, que os extremistas brancos fomentam e exploram. Para Mandela, existe uma terceira força que se dedica a fazer a política do "quanto pior, melhor". E ele não está enganado; há muitas provas disso, entre elas o ataque perpetrado no mês anterior pelas milícias de Buthelezi. O

CNA, ciente de sua preparação, informou em vão as autoridades. Ônibus carregados de pistoleiros zulus e escoltados por carros da polícia irromperam na *township* de Sebokeng e massacraram cerca de trinta moradores. No dia seguinte, Mandela visitou o bairro e no necrotério lhe mostraram uma mulher com os seios cortados a golpes de facão. Furioso, repreende De Klerk: "Eu o avisei, e o senhor não fez nada!". O africânder ficou calado. Será que ele tinha controle sobre os extremistas do seu próprio campo? Dois anos depois, em maio de 1992, tudo parece perdido: "Nossos pontos de discordância ameaçavam todo o entendimento que Mr. De Klerk e eu havíamos conseguido".

De fato, o Partido Nacional não consegue sair do impasse diante do princípio "um homem, um voto", ciente de que este, sem dúvida, vai apeá-lo do poder. Ainda espera escapar do seu destino manipulando os bantustões e os chefes tribais. Em 17 de julho, novo ataque mortífero do *Inkhata* arrasa um acampamento de ocupantes de terras. Novamente, a polícia faz vista grossa. Desta vez, passaram dos limites. O governo ainda joga lenha na fogueira, emitindo um decreto que autoriza os zulus a levarem suas "armas tradicionais" para as reuniões políticas. Esse súbito interesse pelo folclore tem uma explicação muito simples: um golpe certeiro de azagaia ou de porrete é capaz de matar um homem. As negociações são suspensas, e as relações entre Mandela e De Klerk desandam. O segundo acusa o primeiro de hipocrisia, porque no CNA também há assassinos, e, furioso com as acusações de Nelson, bate o telefone na sua cara.

No início de agosto é marcada uma greve geral para forçar a retomada das conversações e dissuadir os brancos de insuflarem os confrontos entre os negros. E eles estão prestes a explodir: em setembro, uma manifestação do CNA no bantustão do Ciskei, cujo chefe lhe é muito hostil, tem um fim trágico. A polícia local abre fogo contra a multidão, matando 29 pessoas e ferindo mais de duzentas. Nunca correu tanto sangue como desde que começaram a conversações de paz com a etnia dominante. E isso é apenas o começo: do verão de 1990 ao verão de 1993, a polícia, que faz placidamente a contabilidade dos confrontos, registra 3.653 "mortes com conotação política", e sem dúvida são muitas mais. Em julho de 1991, um artigo do *Guardian* britânico revela, baseado em provas, que as forças da ordem "pagam o *Inkhata* para deter o CNA", o que provoca a demissão do ministro do Interior. Os brancos, em sua maioria, fazem uma leitura simplista das chacinas entre negros: os zulus se defendem do domínio dos xosas. Quem acredita que os "cafres" renunciaram às guerras tribais? "Zulus a caminho da guerra! Em breve correrá sangue", diz em manchete o *Sunday Times*. Em Londres se prepara um plano de evacuação de 350 mil britânicos da África do Sul.

Os profetas da desgraça são desmentidos quando finalmente se convocam os Estados Gerais da África do Sul. Os delegados reunidos na Convention for Democratic South Africa (Codesa) representam 24 organizações diferentes. É o maior fórum institucional que o país conhece desde 1909. No primeiro encontro com o governo, em 20 de dezembro de 1991, a delegação do CNA é composta, entre outros, por Joe Slovo, secretário-geral do Partido Comunista, e Joe Modise, líder do MK. Por muito tempo considerados inimigos públicos condenados por contumácia, os dois acabam de ser anistiados em função das circunstâncias. É um prazer vê-los apertar a mão dos dirigentes do Partido Nacional que, se pudessem, teriam mandado enforcá-los de bom grado. Cada um dos lados descobre, como dirá Thabo Mbeki a um jornalista, que "os do outro lado não têm chifres". Desta vez, as negociações correm bem, e Mandela, em seu discurso, qualifica a evolução de "irreversível". Mas por mais "íntegro" que seja, De Klerk não tem nada de emancipador. Se aceita o embate na mesa de negociações, é porque não pode vencê-lo no campo de batalha.

As negociações avançam sob o olhar fascinado do mundo. Nesse duelo sobre um vulcão, os dois homens se mostram à altura um do outro, mas a enorme dificuldade de um acordo os leva constantemente ao limite da ruptura e põe seus nervos à prova. O africânder se queixa das "bravatas" de seu adversário, que, por seu turno, suspeita que, por baixo do pano, o outro respalda a "terceira força". Ambos são pressionados pelos extremistas do próprio campo. A facção do CNA que acalentava o sonho de uma vitória militar, Winnie, a Belicosa, e os membros do PAC, repudiam a "moderação" de Mandela. Na verdade, quando lhe parece útil, ele faz uso de uma grande firmeza. Como dirá um dia: "Para construir uma nação, às vezes é preciso um buldôzer, às vezes, um espanador". (Mandela, 1995, p. 149) No manual do político perfeito que seria fácil escrever com base em seu comportamento e em seus escritos, essa máxima ocuparia um lugar privilegiado. Eu mesmo já vi ministros cheios de boas intenções falharem por confundir o espanador com o porrete. "Mandela jogava em todos os tabuleiros", dirá o *International Herald Tribune*, "sabia ser duro para mobilizar as bases, mas também era capaz de estender a mão e propor a reconciliação." (*Ibid.*, p. 115)

Uma parte da direita branca sonha com uma nação africânder separada, um *Volkstaat*, mas não há nenhuma região do país onde os brancos sejam maioria, o que transforma essa "solução" numa quimera. Em compensação, há um momento em que se teme um golpe de Estado militar. O desenrolar das negociações é complexo, e não é meu propósito aqui me deter sobre ele. O que me interessa nessa sucessão de avanços e recuos é menos a incontestável habilidade diplomática de Mandela do que a forma como Próspero desarma Calibã. Diante dos crimes que se multiplicam com a cumplicidade da polícia, o ex-pugilista amador deve em primeiro lugar controlar sua vontade de revidar golpe por golpe: "No início eu compartilhava a posição mais extremista, mas me dei conta de que esse caminho era inviável. Depois de defender as negociações por anos a fio, não podia virar as costas para elas". (Mandela, 1995, p. 730) Essa atitude desagrada sobremaneira as "bases", e ele sabe isso. O CNA, reconstruído às pressas e com elementos díspares, está dividido: jovens contra velhos, exilados de Lusaka contra resistentes do interior, militares contra "civis", inconseqüentes contra ponderados. Uma minoria ativa e ruidosa recusa a própria idéia de negociação. Em 1990, 25 militantes ainda presos em Robben Island se recusaram a ser anistiados antes da "vitória total no campo de batalha", e Mandela teve de pedir àqueles fanáticos da guerra civil o favor de aceitarem ser libertados. Acusado por alguns de ter-se "vendido aos brancos" e de ter perdido o contato com a realidade ele não protesta contra essa imputação caluniosa. Não hesita em fazer autocrítica: foi "negligente", sim; devia ter ouvido primeiro os militantes, sim. É isso o que ele pensa? Talvez. Mas quanto ao essencial não cede um milímetro: o acordo de Pretória deve ser respeitado.

O principal problema continua sendo a atitude dos zulus. Eles criam um partido político, o IDF (Frente *Inkhata* de Libertação), que afirma ter 300 mil membros em todo o país. Entre o *Inkhata* e o CNA, a guerra é aberta. Estima-se que no KwaZulu-Natal e no Estado Livre de Orange a milícia do primeiro tenha sido responsável por 4 mil mortes, e a do segundo por mil. No exterior, onde Buthelezi conta com entusiastas apoiadores nos meios conservadores, há quem comece a questionar a capacidade do prestigioso líder que as pessoas tanto admiram de impedir que o país se fragmente em suas componentes étnicas. "A imagem do grande salvador desapareceu, talvez para sempre", escreve um jornalista liberal.

Mandela busca incansavelmente um acordo com o dirigente zulu. Logo que foi libertado, telefonou para ele tentando entendimento, mas ele exigiu que uma delegação do CNA fosse visitá-lo em sua "capital" e esse reconhecimento de fato de um *homeland* estava fora de questão. Quando Nelson aventa a possibilidade de se encontrar com Buthelezi, um coro de protestos se ergue a seu redor: "Quase me esganam só por pronunciar o nome dele". (*Ibid., loc. cit.*) Não importa: "Vou implorar de joelhos àqueles que querem empurrar nosso país para um banho de sangue", diz num comício. Um novo encontro acontece em 29 de janeiro de 1991, no Royal Hotel de Durban. Diante dos jornalistas, Buthelezi desfia um rosário de recriminações. Mas um grande político não se irrita com pouco: Mandela responde agradecendo o adversário por ter outrora pedido sua libertação e lembrando tudo que, independentemente das discordâncias e da ruptura de 1979, une as duas organizações. Trabalho perdido: um acordo de não-agressão é rompido no momento em que é celebrado. Com a proximidade das eleições, em 8 de abril, Mandela e De Klerk, juntos, fazem uma última tentativa para convencer o chefe zulu. Na nova África do Sul ele terá, garantem, "mais poder do que a rainha da Inglaterra". Buthelezi não cede. Tem ojeriza à democracia. Somente a oito dias do pleito ele por fim concorda em entrar no jogo e apresentar seu *Inkhata* às eleições, decisão recebida com enorme alívio por quem tanto lutara por aquilo. "Não creio que tenha havido alguém mais benevolente com Buthelezi do que Madiba", dirá mais tarde Walter Sisulu. (Mandela, 1995, p. 56) Quanto a mim, confesso que admiro sua determinação em se reconciliar com um irmão obstinado e mau: "Já basta a aflição que nos consome, a mim e a toda a pátria, para que por cima lhe acrescentemos nossa discórdia!", lê-se em *Édipo Rei*.

Ao mesmo tempo, é preciso conjurar o ódio, alimentado pelo medo que sentem os brancos, parceiros indispensáveis do futuro. Frederik de Klerk, aliás, reconhecerá que, em seu próprio campo, "alguns atrapalham o quanto podem". Um homicídio ameaça acender o rastilho: um polonês recentemente imigrado, mas já membro de um movimento extremista africânder, assassina na porta de sua casa Chris Hani, ex-chefe do estado-maior do CNA e ídolo dos jovens. Uma mulher africânder consegue anotar a chapa do carro do assassino, o que permite que ele seja preso. Mandela faz um apelo à calma, contrapondo o "branco, cheio de preconceitos e de ódio" à "mulher branca, de origem africânder, que arriscou a vida para que pudéssemos apanhar o assassino e levá-lo aos tribunais. Este é o momento em que todos os sul-africanos devem unir-se contra os que, venham de onde vierem, queiram destruir a razão pela qual

Chris Hani deu a vida: a liberdade para todos nós". (*Ibid.*, p. 735) Quase ao mesmo tempo, uma perda o atinge cruelmente: o homem que ele mais admira no mundo, Oliver Tambo, morre de repente. Dedica a ele, em seu livro, uma comovente oração fúnebre: "Em sua alegoria dos metais", escreve ele, "Platão classifica os homens em ouro, prata e chumbo. Oliver era ouro puro; havia ouro em sua brilhante inteligência, ouro em sua cordialidade e humanidade; ouro em sua lealdade e abnegação. Eu o respeitava como chefe, tanto quanto o amava como homem". (*Ibid.*, p. 736)

Destruir completamente o *apartheid* é ótimo, mas seria catastrófico acabar ao mesmo tempo com o Estado moderno que o instaurou. Mais uma vez, uma sugestão do realista Joe Slovo faz as negociações avançarem. Sua proposta prevê a partilha do poder, por um tempo limitado, com o Partido Nacional. Os funcionários manterão seus cargos e os militares e policiais não serão processados por seus crimes. São concessões que provocam a indignação da base militante, mas sem as quais se instauraria o caos. Essa decisão corajosa corresponde, no plano administrativo, ao que, no plano moral, será a criação da Comissão Verdade e Reconciliação. Todo o resto é um trabalho de engenhosidade e paciência. Garantidos o princípio "um homem, um voto" e o voto em lista, o acordo, afinal, torna-se possível.

A Constituição provisória é redigida nessas bases e, em 3 de junho de 1993, a mais memorável de todas as datas, as primeiras eleições democráticas são marcadas para 27 de abril de 1994. Nelson Mandela e Frederik de Klerk recebem conjuntamente o Prêmio Nobel da Paz. Distinção inesperada para um homem que comandou um exército e por isso não se beneficiou na prisão da ajuda da Anistia Internacional reservada aos não-violentos. Mandela aproveita o discurso ritual para prestar homenagem "à coragem e à perspicácia" de seu co-laureado. Aos que se surpreendem, ele responde que "para fazer a paz com um inimigo, deve-se trabalhar com ele, e esse inimigo se torna um parceiro". (Mandela, 1995, p. 740)

As imagens do dia 27 de abril de 1994 fazem parte da memória coletiva do mundo, com suas longas filas de homens e mulheres de todas as raças numa espera interminável para depositar um voto na urna. Nelson Mandela também vota, pela primeira vez na vida, num CNA que se orgulha de ter reunificado. "Havia 36 facções atirando cada uma para um lado", confessa a seu biógrafo. (Sampson, 2003, p. 115)

Em 10 de maio, num dia de sol, nasce em Pretória, que foi o berço da supremacia branca, a nova África do Sul. É dirigida por um governo democrático, e não racial. Nelson Mandela é empossado no cargo de presidente na presença de um areópago de chefes de Estado e altas personalidades, e diante de um bilhão de telespectadores. "Alguns momentos depois, erguemos os olhos quando os aviões a jato, helicópteros e aviões militares de transporte passaram em formação perfeita, numa demonstração de lealdade à democracia e a um governo justo e livremente eleito." Em seguida os generais, perfilados e cobertos de condecorações e medalhas, juram lealdade àquele que, alguns anos antes, mandaram prender como bandido. Os dois hinos nacionais são executados, e ele vê negros e brancos, alternadamente, cantarolando, por não saberem a letra, o hino do ex-inimigo.

Próspero amainou a tempestade. Dominou Calibã e, por pouco, evitou a guerra civil na sua ilha. A República Sul-Africana é uma democracia e todo seu povo é finalmente soberano. O *Longo Caminho para a Liberdade* chega ao fim. O desafio seguinte não é menos temível. "De um extraordinário desastre humano", diz o novo presidente em seu discurso de posse, "deve nascer uma sociedade da qual toda a humanidade se orgulhe". Sabe que a tarefa que tem pela frente é árdua: construir, sobre as ruínas do *apartheid*, a casa comum dos seus sonhos.

ATO V
O rei Nelson

Nenhum desígnio vil, nenhuma ingrata inveja
torcerá o curso de vida tão bela.
Descobristes a arte de conquistar corações.
Corneille, *Cinna*

É chegada a hora de representar o último papel. Entra em cena o rei Nelson, o Olímpico, velho sábio e guia venerado. Conta a mitologia que, quando Prometeu foi finalmente libertado e recebeu permissão para retomar seu lugar entre os deuses, Zeus o obrigou a usar um anel para lembrar-se da provação por que passara. Madiba não precisa de uma jóia para se lembrar de tudo que Robben Island lhe ensinou. Não mudou seu estilo de vida quando as honrarias enfim o alçaram ao posto merecido. Continua a ser o mesmo homem que acorda cedo e faz questão de arrumar a própria cama. Não permitirá que o canonizem em vida: "Chegava a se esconder das auxiliares para poder bater papo à vontade com os velhos amigos que encontrava pelos corredores ou para dar seu telefone particular a uma visita". (Sampson, 2003, p. 49) Percorreu o mundo em todos os sentidos e sob todos os pretextos, como se precisasse se desforrar do seu interminável confinamento. "Presidente Mandela em visita de Estado à África do Sul" é a manchete de um jornal irreverente num de seus regressos ao país.

Um pouco perdido ao chegar ao imenso gabinete presidencial de Pretória, convoca o *staff* branco, aperta a mão de um por um e, com seu irresistível sorriso nos lábios, promete que ninguém será demitido: secretárias e funcionários africânderes logo irão se afeiçoar àquele velho senhor tão gentil, que sabe o nome de cada um e se interessa por suas famílias. "Mandela tem um talento enorme", escreve Frederik de Klerk em suas memórias, "para fazer todas as pessoas com que trata se sentirem especiais". (*apud* Sampson, 2003, p. 123) Este dom se chama carisma e se manifesta tanto nos assuntos importantes como nos corriqueiros. Alguns políticos acham que podem fabricar uma imagem com a ajuda de "marqueteiros" e que o povo acredita no que parecem ser. Grave erro: nessa matéria, as pessoas têm um instinto infalível para distinguir o verdadeiro do falso. Percebem imediatamente se o aperto de mão com que pensamos honrá-las é maquinal ou caloroso, se o sorriso é forçado ou natural, se a bondade é autêntica ou empostada. É sempre um erro subestimar o eleitor. O resto é fruto de algumas regras muitas vezes ignoradas e que, como no teatro, têm a ver com o respeito pelo público: numa entrevista coletiva, devemos nos dirigir à última fileira dos presentes e nos certificar de que somos ouvidos por eles; nenhuma carta deve ficar sem resposta; ninguém deve ser menosprezado ou tratado com insolência, mesmo que seja impertinente ou provocador. Para o político, a mídia é uma passagem obrigatória, mas perigosa. Nosso herói se utiliza dela magistralmente, seduzindo os jornalistas sem cortejá-los. Esses profissionais são desconfiados e céticos por forçado ofício e, pelo menos os melhores entre eles, os que não abusam de bajulações, detestam pensar que estão sendo manipulados.

No plano interno, Madiba reafirma seu respeito pelo CNA na escolha de seu primeiro vice-presidente que, nos termos do acordo feito com o Partido Nacional, deve pertencer a essa organização, ficando Frederik de Klerk como segundo vice-presidente. Escolha fundamental: dado que o presidente tem 75 anos e quer exercer um único mandato de cinco anos, o primeiro vice-presidente será, muito provavelmente, seu sucessor na chefia do Estado. Dois homens disputam o cargo: Cyril Ramaphosa e Thabo Mbeki. Ramaphosa, advogado e secretário-geral do CNA, liderou brilhantemente a luta dos mineiros e teve um papel primordial nas importantes negociações recém-concluídas. Mbeki foi, no exílio de Lusaka, o braço direito de Oliver Tambo e, portanto, dirigiu o CNA; é diplomata e economista. A preferência pessoal de Mandela recai em Ramaphosa, filho de um de seus velhos companheiros, mas este, oriundo das fileiras da Consciência Negra, não pertence ao "núcleo duro" do CNA. Depois de amplas consultas em que ouviu longamente seus companheiros, Madiba designa Thabo Mbeki, por considerar que não deve impor suas preferências ao partido. Não creio que haja na África muitos chefes de Estado que concordem em não escolher o sucessor.

Em 1994, os primeiros tempos do governo da grande coligação são promissores: o Parlamento da "nação arco-íris", serenamente multirracial, é presidido por uma mulher de grande talento, a advogada indiana pársi Frene Ginwala, antiga militante do CNA. Uma nova Constituição democrática é votada e submetida à aprovação do vigilante Tribunal Constitucional que se revelará independente o bastante para censurar duas das primeiras decisões do presidente. Este, fiel a sua deferência pelo direito e disposto a dar um exemplo de legalismo, aceita imediatamente a sanção. O Tribunal declara inconstitucional a pena de morte, considerada indigna de um país civilizado. São dadas garantias à língua e à cultura africânderes.

Quem quer encontrar funcionários reticentes, ou até hostis, deve procurá-los no serviço diplomático. Como poderiam estar satisfeitos com um chefe para quem as relações pessoais são tudo e que, passando por cima deles, telefona para o Bill, o François, o Tony, o Boris e os demais para resolver um problema ou, como acontece com freqüência, pelo simples prazer de ouvir sua voz distante e perguntar se estão bem, às vezes esquecendo as diferenças de fuso horário? O diplomata de carreira tem horror à "diplomacia pessoal". E ela é a paixão do presidente. Gosta de George Bush pai, "caloroso e atencioso", e logo faz amizade com Clinton, apesar da diferença de idade. O fato é que os dois são inconformistas.

Duas palavras resumem o grande projeto do novo presidente: democracia e reconciliação. Sempre enalteceu a primeira, mas agora é preciso inscrevê-la na realidade de um país em que ela só se aplicava a um em cada dez habitantes. Mostrar-se um verdadeiro democrata nas condições em que Mandela chegou ao poder é uma proeza quase sobre-humana. É incensado por todos os lados, e já vimos outros grandes rebeldes, desde Sukarno até Castro, desde Sékou Touré até Mugabe, sucumbiram ao delicioso veneno do poder absoluto. A mídia, nacional e internacional, está encantada com o velho senhor de Pretória. O enviado especial do *Financial Times* não consegue encontrar uma única pessoa que fale mal dele. Nelson gosta de elogios tanto quanto o César de Shakespeare descrito por Brutus: "se digo que ele detesta aduladores, dá-me razão, sem perceber que se deixa levar pela mais patente lisonja". Seu prestígio lhe permitiria fazer o que bem entendesse. É inegável que a República deve sua existência à autoridade e à audácia do presidente. Até o comunista Joe Slovo, um homem que, segundo consta, não acredita no papel dos indivíduos na história, admite, sem deixar de reconhecer que Oliver Tambo "foi insubstituível no funcionamento da organização e na salvaguarda de sua unidade", que a partir de 1990 "Mandela desempenhou um papel absolutamente essencial e que, sem ele, a história do país teria sido completamente outra". (Sampson, 2003, p. 99) Seu biógrafo considera que, pelo estilo, ele "parecia mais um rei do que um político, como se pôde constatar quando, em 1995, recebeu a rainha Elizabeth em visita oficial e estabeleceu com ela laços de amizade que surpreenderam a comitiva de Sua Graciosa Majestade". (*Ibid.*, p. 131) Apesar de ter insistido no discurso de encerramento do 49º Congresso do CNA, realizado em 1994, que "o poder corrompe e o poder absoluto corrompe absolutamente", a tentação deve ter sido grande.

Um bom conhecedor do universo CNA disse um dia a Anthony Sampson: "Tambo era um democrata nato, mas Mandela teve de aprender". (*Ibid.*, p. 50) Minha larga experiência do mundo político me ensinou que, mesmo nas nossas velhas repúblicas, a distinção entre o que é inato e o que é adquirido continua a ter valor. Alguns homens públicos aceitam de bom grado a dura lei da maioria, a sanção às vezes injusta do fracasso eleitoral, a incerteza do futuro que os mandatos de duração limitada representam. Outros só o conseguem à custa de um longo e árduo esforço. Ao contrário de seu amigo e mestre, Mandela não é amável e modesto por temperamento. Na juventude, foi arrogante e excessivamente seguro de si. Mas possui a principal virtude do democrata, que é o respeito pelo próximo e por sua opinião. Terminadas as eleições, ele o prova mais uma vez. Numa África acostumada aos partidos únicos e às eleições ganhas com 99% dos votos, constata com satisfação que, com "apenas" 62,6% dos votos, o CNA perdeu por pouco a maioria de dois terços que lhe permitiria redigir a futura Constituição a seu bel-prazer. Os democratas não gostam de cheques em branco.

Democracia é explicação, discussão, confronto paciente e organizado de projetos, ideologias e táticas; é crítica construtiva, análise sem prevenção dos argumentos do adversário. Nesse ponto, Nelson corresponde totalmente à descrição feita por seu companheiro de Robben Island, Michael Dingake: "De todos os presos, o companheiro Madiba era o mais incansável em todas as discussões, fossem as que diziam respeito somente aos membros do CNA, as bilaterais ou em grupo com membros de outras organizações [...]. Foi assim que ele me ensinou a levar sempre em conta os dois lados de cada questão de forma objetiva e honesta". (Mandela, 1986, p. 380) Ele próprio se submete, na direção coletiva, à opinião da maioria, por mais que isso lhe custe. "Às vezes tenho a impressão de que estão totalmente errados", explica em 1994, "mas tenho de respeitar a opinião da maioria. Tenho de falar com cada um deles para tentar convencê-los." (Sampson, 2003, p. 51)

Democracia é liberdade de imprensa. Não passa pela cabeça do presidente, nem por um instante sequer, amordaçá-la, como o fazem sem o menor escrúpulo outros líderes africanos. Isso não quer dizer que certos artigos não o choquem, como ele deixa bem claro, mas só quando se trata do debate de idéias. Porque, no tocante à vida privada, ele toma a distância indispensável a toda estrela da mídia. Quando a revista erótico-humorística americana *Hustler* publica a foto de uma de suas secretárias nua, com a legenda: "A garota de Nelson, a fogosa secretária que incendeia a Presidência", para em seguida eleger o patrão da sedutora criatura como o "distraído do mês", o velho sábio responde com uma sonora gargalhada àqueles que, a seu redor, protestam contra semelhante afronta. Para ele é uma maneira como outra qualquer de sugerir que a juventude não é uma questão de data de nascimento e que ele se esqueceu de envelhecer: "Tenho 75 anos", diz a uma platéia de jovens, "mas com vocês tenho a impressão de ter dezesseis! Vocês são a inspiração de cada dia da minha vida". (*Ibid.*, p. 102)

O segundo imperativo, a reconciliação, não é menos categórico. O rancor é estranho à sua natureza: não há ninguém menos vingativo do que esse homem sensível ao menor gesto de simpatia. Como todo "progressista" — tentam em vão fazer com que nos envergonhemos desse belo adjetivo —, Nelson tem uma visão fundamentalmente otimista da humanidade, apesar de todas as provas em contrário. Tem o dom da gratidão e às vezes a expressa de modo excessivo. Por exemplo, uma hora antes de sair da prisão, escreve às pressas algumas palavras dirigidas a James Gregory: "Terminam hoje as horas maravilhosas que passamos juntos". Se viesse de um adolescente, o bilhete seria comovente. Mas ninguém passa horas "maravilhosas" com seu carcereiro. Este terá o mau gosto de usar o elogio exagerado na publicidade do seu livro.

Naturalmente, o novo presidente tenta, em primeiro lugar, reconciliar os africanos entre si e aproximá-los das outras comunidades, principalmente as dos mestiços e indianos, tão maltratados pelos "africanistas" do PAC. O chefe Buthelezi ainda fomenta um vago fantasma de secessão; chega a dizer a seus zulus que "a luta pela liberdade começou". Mais uma reunião de cúpula fracassa, mas o chefe é um homem realista. Ameaçado com o corte de créditos à sua região, baixa o tom. Quanto aos africânderes, Mandela parece obcecado em provar que não humilhará o branco como este humilhou o "cafre". Faz um elogio à "integridade" de De Klerk, do qual terá várias oportunidades de se arrepender. Em 12 de fevereiro de 1994, foi visitar em seu refúgio o antigo presidente Pieter Willem Botha, o homem que o manteve por tantos anos na prisão. Pego de surpresa — não sem razão —, o "Grande Crocodilo" o recebe bem, porque, embora o tenha por "comunista", considera-o um cavalheiro e filho de chefe. Mandela lhe pede, à queima-roupa, que faça em sua casa uma reunião de africânderes importantes para que ele possa convencê-los de sua boa-fé. Gostaria que convidasse inclusive Eugène Terre Blanche, o líder de aspecto abrutalhado do Movimento Africânder de Resistência (AWB), partido de extrema direita que tem como símbolo a suástica e cujos sequaszes se especializaram em ataques contra o CNA. Quer convencer, portanto, até seus piores inimigos. "Diálogo construtivo e fecundo", escreve, antes de partir, no livro de ouro de seu anfitrião.

No mesmo registro simbólico, toma chá com a viúva de Hendrik Verwoerd, o inventor do *apartheid*, e a velha senhora se surpreende com seu africânder impecável e sua requintada delicadeza. Esse estranho conde de Monte Cristo também persegue os que o mandaram para o castelo de If, mas para tranqüilizá-los e dizer que não se vingará deles. Convida Percy Yutar, o irritante promotor do julgamento de Rivonia, que tentou condená-lo à forca, para almoçar e ele, maravilhado com esse heróico perdão das injúrias, o chama de "santo homem". Para conquistar a torcida dos Springboks, veste sua famosa camisa e dá o pontapé inicial numa partida, apesar de sempre ter preferido o boxe ao rúgbi. Nessa noite, os torcedores do famoso time saem abraçando todos os negros que encontram pela rua!

Às vezes, o ator força um pouco seu personagem com essa ligeira tendência para a provocação comum entre certos homens de teatro. Mas também gosta de mostrar para todo mundo, e talvez de provar a si mesmo, o admirável auto-controle com que reagia aos insultos e ultrajes dos guardas de Robben Island. A clemência de Augusto desarma o conspirador Cinna, mas sua principal função é levar o imperador a dizer o célebre verso: "Sou senhor de mim mesmo e do universo". Madiba compreendeu há muito tempo que a saída para o drama da África do Sul não está na vingança. "A reconciliação", observa Anthony Sampson, "era sem dúvida um elemento crucial de sua estratégia política. Quanto mais estendia a mão aos africânderes individualmente, mais conseguia dividi-los e desarmá-los. Com o perdão, consolidava seu poder e lembrava a cada um que os ventos tinham mudado." (Sampson, 2003, p. 153) A meu ver, há aqui mais grandeza de alma do que cálculo político. Mas a magnanimidade de Mandela não exclui formas mais sutis de revanche. Ele revela um talento especial para castigar, num estilo cordial, os ricos racistas de outros tempos que tanto lucraram explorando a mão-de-obra barata. Pode-se imaginar com que alegria se dedicava a esse passatempo. Numa de suas passagens por Londres, por exemplo, oferece uma recepção em que os magnatas que se opuseram às sanções internacionais e apoiaram o *apartheid* vão homenageá-lo e pagar o preço de sua falta de visão.

A reconciliação do país consigo mesmo não pode depender apenas da boa vontade de um único indivíduo, mesmo que ele seja o chefe do Estado. Os crimes cometidos pelo regime do *apartheid* foram tantos e tão bárbaros que é preciso descobrir um meio de exorcizá-los, como os alemães fizeram com o nazismo, ao criar o conceito de *Vergangenheitsbewältigung* (domínio do passado). Porque não é possível simplesmente desviar os olhos e olhar juntos o futuro, como fez com sucesso a jovem democracia espanhola, em grande parte graças a Juan Carlos. Julgar os criminosos e seus cúmplices numa espécie de processo de Nuremberg também é inviável. Como a maioria deles pertencia às forças de segurança, sua primeira precaução era ocultar as provas de seus procedimentos condenáveis. Ora os magistrados sul-africanos são exigentes e ainda mais rigorosos por serem brancos e julgarem sob a mira de sua comunidade. O processo movido contra o general Magnus Malan, antigo ministro da Defesa, e um grupo de oficiais subordinados a ele custou uma fortuna ao Estado e, depois de dezoito meses de debates, terminou com absolvição por insuficiência de provas. Essa experiência se repetirá com os outros milhares de casos? "Era a palavra de uma vítima desorientada contra a de vários presumíveis culpados, membros da polícia ou das Forças Armadas, que não hesitavam em prestar falso testemunho", observa Desmond Tutu. (p. 31) As impronúncias e absolvições só aumentarão o rancor das vítimas, dividindo ainda mais o país. A anistia ampla e geral que alguns acusados têm a desfaçatez de exigir seria tão escandalosa que está fora de questão.

O que fazer? A solução não vem de Madiba, mas de Kader Ismal, professor de direito e membro do CNA. Em seu discurso de posse na Universidade do Cabo-Oeste, o especialista em direitos humanos sugere um compromisso entre a chicana e a amnésia. Baseia-se na tradição africana do *ubuntu*, comportamento que um homem deve ter diante de outro, mesmo que este seja um criminoso. Como a harmonia social é o bem maior, é preciso oferecer ao culpado a possibilidade de se reintegrar à comunidade, desde que faça confissões circunstanciadas e reconheça o mal que causou. Madiba acolhe a idéia com entusiasmo. Submete ao Parlamento o Promotion of National Unity and Reconciliation Act, cujo nome diz tudo. A lei determina que qualquer autor de violações dos direitos humanos, crimes ou delitos cometidos por motivos exclusivamente políticos ou por ordem de uma autoridade ou de uma organização (incluindo o CNA) entre 1960 e 1994 tem direito à anistia, desde que faça confissões completas. Sabiamente, o legislador não exige arrependimento nem pedidos de desculpas — só Deus pode sondar o coração dos homens —, mas apenas que os fatos sejam esclarecidos. Nessas circunstâncias, não haverá perseguições, e o esquecimento é legítimo.

Criou-se uma instância multiétnica, a Comissão Verdade e Reconciliação. Não havia mal nenhum que seu presidente fosse um religioso, já que se tratava menos de justiça do que de uma espécie de confissão pública. O arcebispo Tutu, para quem "não há futuro sem perdão" — título de seu belo livro —, consegue a proeza de curar muitas feridas, apesar dos protestos dos defensores da justiça clássica e do sarcasmo dos que, como Pieter Willem Botha, acham que aquilo é puro "circo". E o encontro entre autores de crimes e suas vítimas permitiu aos primeiros tomarem consciência do que foram obrigados a fazer e aos outros, principalmente os parentes dos incontáveis torturados, finalmente recomeçarem a viver. Mas nem por isso a impunidade se torna menos dolorosa aos olhos das vítimas. "Agora, sei que os assassinos de minha mulher nunca serão punidos" declarou Joe Slovo, cuja esposa, Ruth First, como se sabe, morreu vítima de uma carta-bomba.

A criação da comissão provocou uma acalorada polêmica. Desnecessário dizer que, em qualquer outro lugar, essa estranha permissão concedida aos carrascos de relatarem suas atrocidades diante dos parentes prostrados das vítimas e depois saírem da sala sem terem nada a temer, seria absurda e revoltante. Mas estamos na África, onde as relações humanas contam mais que qualquer outra coisa e, além disso, num país impregnado de religiosidade protestante. Mandela, hábil como sempre, percebeu que era melhor designar um religioso do que um jurista para presidir a comissão. Afinal de contas, as confissões públicas que dispensam seus autores de julgamento são a via escolhida por vários criminosos de Estado. De imediato, o sistema adquire um mérito fundamental. Além da catarse coletiva, é evidente que, sem as atas da Comissão Verdade e Reconciliação, nunca se teria uma idéia exata da face oculta da África do Sul. É por meio delas que ficamos sabendo que "os esbirros do regime seqüestravam os 'terroristas', os quadros clandestinos dos movimentos de libertação, os líderes dos movimentos *antiapartheid*, e os levavam para fazendas ou postos de polícia isolados, onde os torturavam e na maior parte das vezes os matavam". Num desses postos, perto da fronteira, os membros da comissão deparam com uma pasta de "fotos aterradoras de membros horrivelmente queimados, indicando que os policiais tinham usado maçaricos como os utilizados por soldadores e funileiros". (Tutu, pp. 187-189) A imensa maioria da população branca e a opinião pública mundial descobrem com horror e espanto, sem contestação possível, pois são os próprios culpados que contam suas crueldades, até que ponto o aparelho repressivo de um Estado moderno pode mergulhar na desumanidade. O que a intrusão da barbárie nazista mostrou no "país dos poetas e dos pensadores" encontra um novo exemplo: o homem "civilizado" é capaz de tudo desde que aliviem sua consciência e a Gestapo sempre pode ter irmãs mais novas. É uma grande lição sobre a qual devemos refletir. Principalmente porque os novos senhores não escondem os crimes cometidos no seu próprio campo.

Os assuntos de Estado não são tudo. Em Johannesburgo, Mandela procura se distrair. Gosta de estar rodeado de estrelas em trânsito, sejam elas Whoopi Goldberg, Michael Jackson ou as Spice Girls. Seu convívio desinibido com os milionários brancos é motivo de irritação para alguns. O magnata sul-africano Harry Oppenheimer é um de seus íntimos, assim como Clive Menell, vice-presidente do grupo de mineração Anglo-Vaal. É na suntuosa mansão deste capitalista que Nelson passa seu primeiro Natal como presidente. Pensará nos dias felizes que viveu com Winnie? A Elefanta continua a fazer das suas: sempre muito popular, é facilmente eleita para o Parlamento, e Nelson ainda tem a fraqueza de nomeá-la vice-ministra das Artes. Enquanto esteve no cargo, envolveu-se em diversos "negócios", entre os quais um duvidoso projeto turístico destinado aos negros americanos. No plano político, ela acusa o CNA de "bajular os brancos" e critica o governo por "não fazer nada pelos pobres". Agora é preciso formalizar publicamente o distanciamento: depois de três anos de separação de fato, em março de 1996 Nelson entra com o pedido de divórcio. Na audiência de conciliação, diz ao juiz: "Posso dizer a Vossa Excelência que, se o mundo inteiro me aconselhasse a me reconciliar com a parte contrária, eu me recusaria a fazê-lo?" A página está definitivamente virada. Sem amargura? Ele gostaria de aparentar que sim, mas é difícil não pensar na terrível frase que disse ao voltar da prisão: "Ela nunca entrava no meu quarto quando eu estava acordado".

Um novo amor alegra sua vida e ele não faz mais mistério sobre isso. Pede Graça Machel em casamento, mas ela teme dar a impressão de estar traindo Moçambique, se vier a ser a *First Lady* da África do Sul. Aceita, no entanto, passar quinze dias por mês em Johannesburgo. O *Sunday Independent* diz que o rosto do presidente "se ilumina quando ouve o nome dela". No casamento do presidente Mugabe, os dois pombinhos são vistos aos beijos. Os *paparazzi* os fotografam passeando de mãos dadas em Paris. Em 1997, em visita particular à Grã-Bretanha, vão juntos tomar chá no palácio de Buckingham. A relação não pode continuar assim: causa problemas de protocolo nas viagens oficiais. Com seu habitual senso dramático, Madiba decide que o casamento será no dia em que ele completará quatro vezes vinte anos, numa provocação aos que o acham velho ou que existe uma idade certa para alguém se apaixonar. Em 1998, a festa reúne 2 mil convidados: a nata da sociedade sul-africana e um número impressionante de personalidades estrangeiras, incluindo uma plêiade de artistas negros americanos. "Amo uma mulher extraordinária", diz o noivo numa entrevista para a televisão. "Não me queixo dos meus fracassos e reveses porque, na velhice, desabrocho como uma flor graças ao amor e ao apoio que ela me dá. Quando estou sem ela, me sinto fraco." (Sampson, 2003, p. 183) Há uma única divergência entre os cônjuges: Graça não consegue convencê-lo a abandonar o hábito de se levantar às 4h30, da manhã.

O presidente sul-africano está tão imbuído de sua visão moral do mundo que não poderia deixar de aplicá-la às relações internacionais. A máxima de Rabelais "ciência sem consciência é a ruína da alma" é válida, a seu ver, para a ciência diplomática e para a alma das nações. Para ele, os Estados não são os monstros frios descritos desde Hobbes, mas seres vivos que podem agir bem e mal, se arrepender e se corrigir, se mostrar generosos, mesquinhos ou ferozes. Ele teve essa experiência com os países nórdicos que apoiaram sua luta. Considera que a gratidão tem seu lugar na diplomacia. Por isso convida para ir à África do Sul dois inimigos declarados dos Estados Unidos, Muammar Kadhafi e Fidel Castro. A George Bush, que tenta dissuadi-lo de seu propósito, Nelson dá a mesma resposta que deu aos que, alguns anos antes, insistiam para que se afastasse dos comunistas: "Nós não traímos nossos amigos".

Em 1998, depois da cúpula dos não-alinhados de Durban, recebe Castro com grande pompa, mesmo sabendo que ele é tudo menos um democrata. E visita a Líbia, onde reina outro autocrata: "Os que criticam minha viagem não têm moral nenhuma", diz ele. "Um político não deve perder seu sentido moral. Essa é a razão pela qual passei 27 anos na prisão". (*Ibid.*, p. 197) Moralizar as relações internacionais? Os cínicos riem, mas é uma bela e nobre ambição. É importante que um não-conformista lembre disso com firmeza, mesmo que os resultados não sejam imediatamente mensuráveis. O abade Pierre não fez a miséria desaparecer, mas tornou insuportável olhá-la com indiferença. Depois de Mandela, ficou mais difícil se conformar com a desigualdade no mundo e com as violações dos direitos humanos, admitimos mais facilmente o "direito de ingerência", que é o avesso da indiferença e do desprezo.

A nova equipe esperou por algum tempo se beneficiar de uma espécie de "plano Marshall", de uma ajuda maciça, como presente de boas-vindas das democracias que, com os Estados Unidos à frente, tinham muito do que se desculpar. Mas terá de se contentar com felicitações e belas palavras. O mesmo pode se dizer da comunidade européia, muito calorosa, mas cujos interesses deste ou daquele setor em particular bloqueiam as generosas veleidades. Além disso, a violência assustou os investidores, que se sentem mais atraídos pelos "tigres" asiáticos. A imensidão das necessidades fez nascer esperanças que a exigüidade dos recursos acaba frustrando. O Programa de Reconstrução e Desenvolvimento, que promete um milhão de novas moradias em cinco anos, depressa se revela o que realmente é: um belo sonho. É muito difícil dar emprego aos africanos, porque, antes de deixarem o poder, os brancos tiveram o cuidado de inchar a máquina pública. De resto, mesmo recorrendo à "discriminação positiva", o nível dos candidatos está longe de satisfazer as exigências de uma economia moderna. Esse era o objetivo da "educação banto" do *apartheid*, e foi alcançado.

É preciso deixar claro que a ideologia não ditará a política econômica. Mandela faz uma série de gestos simbólicos com esse propósito. Começa confirmando em seus respectivos cargos o ministro da Fazenda e o diretor do Banco

Central. Certamente, esse não era seu sonho, mas o realismo se impõe a todo o resto. Sobre sua antiga simpatia pelos "africanistas" do PAC, dizia: "Não sou conservador, mas quando amadurecemos, consideramos ingênuas certas opiniões de nossa juventude". (Mandela, 1995, p. 277) Apesar do que seus adversários brancos disseram, Nelson nunca foi um marxista conseqüente, e não precisa, portanto, abjurar um credo para rejeitar a propriedade coletiva dos meios de produção. Aliás, o próprio PC sul-africano mostra-se, nesse ponto, extremamente moderado. Na época das intermináveis discussões no pátio de Robben Island, chegou-se a um acordo sobre algumas nacionalizações importantes, sobretudo no setor de mineração, que constitui a principal riqueza do país. Por não ser economista, aprovou a idéia como um meio eficaz de reduzir as desigualdades e pôr a riqueza nacional a serviço do povo. Naquele momento as nacionalizações estavam na moda e eram defendidas pelos trabalhistas britânicos.

A época do radicalismo dogmático, porém, já havia passado, e Mandela se deu conta disso antes mesmo de chegar à presidência. É preciso pôr em prática a lição de Creonte a Antígona: "Saiba, então, que os espíritos mais inflexíveis são os que mais facilmente se abatem". Em 26 de junho de 1990, no Congresso dos Estados Unidos, esboça um primeiro recuo: "O CNA não tem uma posição ideológica que possa determinar uma política de nacionalizações, mas sustenta que não existe na economia sul-africana um processo auto-regulador que garanta crescimento e justiça social". E logo expressa seu desejo de criar "uma situação que transmita confiança aos homens de negócios sul-africanos e estrangeiros na segurança de seus investimentos e a garantia de uma justa remuneração de seus capitais [...]. O setor privado é um motor essencial do crescimento e do desenvolvimento numa economia mista". (Mandela 1993, p. 42) Interessado em se informar diretamente na fonte, convida os grandes capitalistas para um almoço e eles ressaltam que as nacionalizações não são o melhor caminho para promover o bem comum, ponto de vista compartilhado por Thabo Mbeki, o economista de sua equipe. Quando Mandela vai a Davos, em fevereiro de 1992, suas últimas hesitações são vencidas. Vários participantes, entre eles governantes da "esquerda moderna" ocidental ou de países subdesenvolvidos, fazem-no sentir que sua visão da economia mundial está ultrapassada pela globalização em curso. O capitalismo está em alta: a China comunista se abriu a uma livre iniciativa desenfreada e o Vietnã faz de tudo para atrair investidores. "Mudei meu modo de ver as coisas", conclui Madiba. "Voltei ao meu país e disse: 'Amigos, temos de escolher: ou nacionalizações, ou investimentos'." (*Ibid.*, p. 435)

Os dogmáticos do CNA denunciam a traição. Os embates entre "idealistas" e "realistas" são duros, mas o partido aceita restringir as nacionalizações ao estritamente necessário. É verdade que, na segunda metade da década de 1990, seria descabido se aventurar numa política econômica arriscada. As recriminações e queixas vêm principalmente das fileiras dos africânderes. Certamente, já não temem ser "jogados ao mar", depois que as experiências do Zimbábue e de Uganda demonstraram que forçá-los a partir era o meio mais seguro de levar um país à falência. Em Moçambique, Samora Machel chegou à mesma conclusão e aconselhou seus parceiros africanos a não cometerem o mesmo erro. Mas isso não basta para acalmar os antigos *baas*. Não perceberam, ou não querem admitir, que sua situação mudou profundamente: deixaram de ser a vanguarda privilegiada e mimada do Ocidente no meio dos "cafres". Em seu livro, o bispo Tutu dá nesses nostálgicos dos bons e velhos tempos um belo golpe de báculo, que merece ser citado por extenso:

> Acordem! Vocês sem dúvida perderam uma parte do seu poder, mas o que restou não é pouca coisa. Conservam o essencial do poder econômico, perderam pouco dinheiro, não foram expulsos de suas magníficas casas e não vivem em barracos. Possuem também o poder que lhes dá a excelente educação que receberam, muito superior à de seus compatriotas negros. Podem abraçar o novo regime com entusiasmo e pôr à disposição dele seu dinheiro, seus recursos e seus conhecimentos para que a experiência tenha êxito. Caso contrário, os negros ficarão mesmo muito furiosos quando virem que as mudanças políticas não trouxeram nenhuma melhoria às suas condições de vida, e Mandela nenhum conseguirá controlá-los. (Tutu, p. 227)

No governo, as relações com o Partido Nacional se tornam perigosamente tensas. Frederik de Klerk, com a paciência esgotada e, além disso, apanhado no turbilhão de uma paixão tórrida com a esposa de um amigo, se demite no verão de 1996. Gostaria de levar com ele o ministro do Interior, Buthelezi, mas o zulu tomou gosto pelo novo sistema e se entende muito bem com seu antigo rival. Thabo Mbeki, que passa a ser o único vice-presidente, não lamenta o fim da coalizão. "Considerava a ruptura com os africânderes inevitável e útil. Não achava que precisava dos ministros para fazer os funcionários trabalharem: eles obedeceriam quem pagasse seu salário." (Sampson, 2003, p. 167) Quando o governo de união nacional termina, o presidente está para comemorar 68 anos. Seu mandato está perto do fim. Nelson finge ser apenas um figurante no palco. Falsa modéstia: sabe perfeitamente que os projetores e os olhos do público estão voltados para ele. É verdade que deixa o vice-presidente Mbeki presidir o Conselho de Ministros e lhe encaminha problemas e visitantes, mas, se alguma decisão o desagrada, basta franzir o cenho para ela ser suspensa. Segundo suas próprias palavras, cobrem-no de elogios para melhor criticarem o CNA, cuja conferência ele preside pela última vez em 1997. Em seu discurso, aproveita para acertar algumas contas. "O conjunto da mídia do nosso país se transformou em força de oposição", dispara, mirando os brancos que continuam a controlá-la. Depois alerta seus companheiros de luta para os perigos do aburguesamento e do carreirismo. Quando o acusam de excessiva complacência para com amigos de comportamento às vezes duvidoso, lembra que em certos países africanos "as elites predadoras enriqueceram com a pilhagem das riquezas nacionais". Uma grande verdade que poucos ousam dizer.

A relação com seu principal colaborador e sucessor nem sempre é fácil. Os dois homens são muito diferentes. Mbeki é um plácido fumante de cachimbo que gosta de trabalhar na sombra. Seu predecessor evita fazer qualquer comentário sobre sua atuação. Aliás, se abstém até mesmo de se posicionar sobre a política interna sul-africana. Uma única vez sai de sua reserva habitual, com muito discernimento, a propósito dos efeitos devastadores da aids. De fato, é inegável a responsabilidade do presidente Mbeki, e sobretudo a de seu ministro da Saúde, Manto Tshabalala-Msimang, no atraso ao combate eficaz desse flagelo. Negaram-se a reconhecer a relação de causalidade entre o HIV e a doença, e o ministro chegou até a recomendar o consumo de "frutas frescas e azeite de oliva" para evitar o contágio! Atendendo aos apelos de várias associações e personalidades, Mandela declara em 2002: "É uma verdadeira guerra! Já fez mais vítimas entre nós do que todas as guerras de nossa história e todas as catástrofes naturais que nos atingiram".

Dois outros flagelos assolam a nação: a corrupção e a criminalidade. Muitos brancos os atribuem à inépcia dos novos governantes. Esquecem depressa demais que o primeiro desses males não é nenhuma novidade: no regime africânder, a África do Sul era tida, nos meios internacionais, como um país onde não se ganhava uma licitação sem suborno. Quanto à criminalidade, é também, pelo menos em parte, uma herança do *apartheid*. Por décadas a fio, policiais e militares na luta contra a oposição negra encorajaram, financiaram e treinaram para o assassinato e a tortura uma turba de capangas brancos e negros. Quando perderam o emprego, esses celerados ficaram com as armas e se estabeleceram por conta própria, criando gangues de malfeitores e bandos de desordeiros. O desprezo pela vida humana, professado cinicamente por alguns, fez escola. Mandela se opõe a todos os que pedem insistentemente — entre eles a própria Winnie — o restabelecimento da pena de morte. É uma questão de princípio: o desejo de poder matar legalmente seu semelhante vem do "instinto animal que ainda dormita nos seres humanos". (Sampson, 2003, p. 210)

Nos aniversários redondos, os jornalistas costumam fazer balanços. Como sempre, os autores desses inventários se dividem em dois grupos, de acordo com seu temperamento e às vezes também com suas preferências. Os pessimistas não têm dificuldade em lembrar "números preocupantes: um crescimento duas vezes menor do que o necessário para permitir amenizar as injustiças do passado; encargos sociais que aumentaram 35% em dez anos, enquanto os dividendos pagos aos acionistas estrangeiros quadruplicaram no mesmo período; 45% da população sobrevivendo com menos de US$ 2 por dia e uma diminuição de 19% do poder de compra das famílias negras frente a um aumento de 15% das famílias brancas". (*Le Monde*, 28/4/2004) A criminalidade no país é considerável: mais de 20 mil homicídios por ano, com Johannesburgo entre as cidades mais perigosas do mundo. Os negros controlam menos de 3% das empresas com cotação na Bolsa de Johannesburgo. A reforma agrária mal saiu do papel. Os casamentos mistos não representam nem 1% das uniões. A aids reduziu a expectativa de vida de 58 para 48 anos e provoca mais de quinhentas mortes por dia.

Os que preferem insistir no sucesso e nas razões de esperança lembram que é preciso muito tempo e paciência para apagar as dramáticas conseqüências do *apartheid*. O Estado de direito com que Nelson Mandela sonhava na prisão está tão profundamente estabelecido que é difícil imaginar uma ditadura ou um golpe de Estado militar. As instituições funcionam normalmente e a imprensa é completamente livre. Os africânderes respeitam as regras do jogo: o novo Partido Nacional, herdeiro da onipotente formação racista de Verwoerd e de Botha, obteve somente 2% dos votos nas últimas eleições. Todas as religiões vivem em perfeita harmonia. A aids é finalmente combatida com seriedade. A relação entre os créditos de educação nacional concedidos a estudantes brancos e negros caiu de 10/1 em 1980 para 5/1 em 1990. A mistura racial impera sem problemas em 30 mil estabelecimentos de ensino e o analfabetismo caiu para a metade em relação aos anos 80. A pena de morte não foi reinstaurada. Os direitos dos homossexuais são reconhecidos. Nove milhões de cidadãos que não tinham água potável passaram a ter acesso a ela. Pouco a pouco, uma nova classe média negra, de 3 a 4 milhões de membros, atesta a inserção do país na economia mundial. São adotadas políticas para estimular e favorecer, por meio de cotas, o emprego dos africanos: *discriminative action* e *black empowerment*. Por bem ou por mal, as empresas admitem que têm de empregar mais negros. A "segregação econômica, portanto, mais cedo ou mais tarde também há de desaparecer". (*L'Express*, 19/4/2004)

Na entrega do cargo a Thabo Mbeki, Mandela fez, em seu discurso improvisado, uma brincadeira que não consta da versão oficial do texto: "Cometi um erro ao me deixar afastar da presidência. Da próxima vez, escolherei um governo que me permita continuar como presidente vitalício. [...] É bom arranjarem um empreguinho para o Madiba, porque os velhos desocupados costumam fazer bobagem". Era um modo de dizer que não estava disposto a assumir um papel meramente decorativo. Sua mulher, depois de tentar moderar seu apetite pela atividade, percebeu que estava no caminho errado: "Se ele diminuir o ritmo, vai cair em depressão". (Courrier International, 24/7/2003) O "velho desocupado" começou a escrever o segundo volume de suas memórias e parece sentir prazer em, afinal, dizer com total liberdade o que suas funções o obrigavam a calar.

Até o último momento, tentou, como mediador, poupar o mundo da aventura iraquiana cujas conseqüências previu com grande lucidez. O desprezo dos Estados Unidos pela ONU chocou-o profundamente. "Todo aquele que pretenda agir fora das Nações Unidas", disse ele, "deve ser condenado. E mais ainda se estiver à frente de uma superpotência!" Quando o presidente americano, num giro africano, fez escala em Pretória, Nelson Mandela — por acaso? — estava no exterior. Desde então, critica com violência cada vez maior um George W. Bush "incapaz de pensar corretamente". O candidato a um segundo mandato na Casa Branca finge não ouvir: precisa muito de uma parte do voto negro para se mostrar suscetível. Mandela não se limita a criticar os países industrializados. É o único que pode repreender os chefes de Estado do Terceiro Mundo sem ser acusado de racismo e nunca deixou de fazê-lo, admoestando a Nigéria quando esta caiu nas mãos de um ditador ou propondo, em 1997, na qualidade de presidente da Comunidade de Desenvolvimento da África Austral (SADC), sanções contra a Suazilândia e a Zâmbia, que se recusavam a dar qualquer passo rumo à democracia. Não poupou nem mesmo seu vizinho Mugabe, cuja política com relação aos brancos era contrária à sua. Infelizmente, tentou em vão limitar os efeitos do naufrágio do Zaire organizando um encontro Mobutu-Kabila a bordo de um navio de guerra sul-africano fundeado ao longo da foz do Congo.

No seu país, Madiba se transformou numa espécie de divindade tutelar da vida cotidiana e sua imagem está presente em todos os lugares: "ímã de Mandela, de bermudas e camisa florida, para colocar na porta da geladeira, Mandela em apoios para copos, *bottons*, biquínis e relógios". (Pompey) As comemorações do 85º aniversário foram apoteóticas: nas estradas da África do Sul, os *outdoors* das grandes empresas exaltavam sua glória. O rádio e a televisão transmitiram durante todo o dia programas especiais e documentários sobre ele. O time nacional de rúgbi, acompanhado pela banda da Força Aérea, cantou o *Happy Birthday* sob sua janela. O jantar de gala reuniu 1.600 convidados: príncipes e princesas, estrelas do *show business*, Bill e Hillary Clinton. No dia seguinte, foi inaugurada a "Ponte Nelson Mandela", que liga as duas partes do centro da cidade. O que mais se inventará para celebrar condignamente seus 90 anos, se Deus permitir que viva até lá?

Enquanto espera, lutando por toda parte pela reconciliação e pela fraternidade, o advogado dos oprimidos continua a correr mundo manquejando, esquecendo a perna doente e os olhos feridos pelo sol na pedreira de calcário da prisão. Convidado a ir a todos os lugares, honra com sua presença os grandes acontecimentos mundiais. Em Madri, em maio de 2004, por exemplo, foi a estrela das bodas reais de Felipe de Borbón, príncipe de Astúrias e herdeiro da Coroa. Nesse dia, o mundo inteiro viu a futura rainha da Espanha fazer diante dele, com um sorriso, a reverência devida apenas às cabeças coroadas.

Era sobre essa imagem simbólica da juventude homenageando o ancião que encarna a nobreza da política que eu gostaria de ver descer o pano.

Referências bibliográficas

BRINK, André Philippus. *Au plus noir de la nuit.* Trad. Robert Fouques-Duparc. Paris: Stock, 1976. Versão em inglês: *Looking on Darkness* (1974). Original em africânder.

____. *Un acte de terreur.* Trad. Jean Guiloineau. Paris: Stock, 1991. Título original: *An act of Terror* (1991).

CLOETE, Stuart. *Le Grand Trek.* Trad. Albert Bailly. Paris: Arthaud, 1948. Título original: *The Turning Wheels* (1937).

COQUEREL, Paul. *L'Afrique du Sud des Afrikaners.* Bruxelas: Complexe, 1992.

GREGORY, James e GRAHAM, Bob. *Le regard de l'antilope. Nelson Mandela, mon prisonnier, mon ami.* Trad. Jean-Daniel Baltassat. Paris: Vecu, 1996. Título original: *Goodbye Bafana: Nelson Mandela, my prisoner, my friend* (1995).

HASKI, Pierre. *L'Afrique blanche: Histoire et ejeux de l'Apartheid.* Paris: Seuil, 1987.

MANDELA, Nelson. *L'Apartheid.* Prefácio de Breyten Breytenbach. Paris: Éditions de Minuit, 1985.

____. *The Struggle is my Life.* Segunda edição, Nova York: Pathfinder, 1986 (1978). [Edição brasileira: *Nelson Mandela – A luta é minha vida*. Trad. Celso Nogueira. São Paulo: Globo, 1988.]

____. *Nelson Mandela Speaks.* Nova York: Pathfinder, 1993.

____. *Un long chemin vers la liberté.* Trad. Jean Guiloineau. Paris: Fayard, 1995. Título original: *Long Walk to Freedom* (1994). [Edição brasileira: *Longo caminho para a liberdade.* Trad. J. E. Smith Caldas. São Paulo: Siciliano, 1995.]

PATON, Alan. *Pleure, ô mon pays bien-aimé.* Trad. Denise van Moppes. Paris: Albin Michel, 1950. Título original: *Cry the Beloved Country* (1948).

POMPEY, Fabienne. "Mandela, 85 ans, 'un des plus beaux cadeaux que Dieu ait faits à l'humanité'". *Le Monde,* 18/07/2003.

SAMPSON, Anthony. *Mandela: The Authorized Biography.* Londres: Harpers Collins, 1999.

____. *Mandela. La Victoire.* Trad. René Guyonnet. Paris: Jeune Afrique/Bibliothèque de l'Intelligent, 2003. Excertos de *The Authorized Biography.*

TUTU, Desmond Mpilo. *Il n'y a pas d'avenir sans pardon.* Trad. Alain Deschamps e Josiane Deschamps. Paris: Albin Michel, 2000. Título original: *No Future without Forgiveness* (1999).

ANEXOS

“Estou disposto a morrer”

Declaração de Nelson Mandela do banco dos réus na apresentação de sua defesa, no julgamento de Rivonia.

À Corte Suprema de Pretória, 20 de abril de 1964.

Sou o primeiro acusado.

Inicialmente, gostaria de dizer que a afirmação feita pelo Estado, na sua apresentação, de que a luta na África do Sul está sob influência de estrangeiros ou de comunistas não tem o menor fundamento. Fiz o que fiz, tanto como indivíduo quanto como líder do meu povo, por causa de minha vivência na África do Sul e de minha própria origem africana da qual muito me orgulho, e não em função do que algum intruso pudesse dizer.

Na minha juventude no Transkei, costumava ouvir os anciãos da minha tribo contar histórias dos velhos tempos. Entre os relatos que faziam, estavam os das guerras de nossos ancestrais em defesa de sua terra natal. Dingane e Bambata, Hintsa e Makanna, Squngthi e Dalasile, Moshoeshoe e Sekhukhuni eram os heróis louvados como a glória de toda a nação africana. Naquela época, eu esperava que a vida me desse a chance de servir meu povo e de dar minha modesta contribuição à sua luta pela liberdade. Foi isso o que me levou a fazer o que fiz e essa é a causa das acusações contra mim neste julgamento. [...]

Como já disse antes, fui um dos que contribuíram para a formação do Umkhonto. Eu e os que comigo criaram essa organização o fizemos por dois motivos. Em primeiro lugar, porque acreditávamos que a política do governo levaria os africanos de forma inevitável a apelar para a violência e que, a menos que uma liderança responsável pudesse canalizar e controlar os sentimentos do nosso povo, o terrorismo campearia, gerando entre as várias raças um ressentimento e uma hostilidade jamais vistos, nem mesmo em tempo de guerra. Em segundo lugar, porque sabíamos que a violência era a única alternativa do povo africano para que sua luta contra o princípio da hegemonia branca fosse vitoriosa. Todas as formas legítimas de manifestar nossa oposição a esse princípio foram cerceadas pela legislação o que nos deixava numa posição em que ou aceitávamos uma condição permanente de inferioridade ou fazíamos frente ao governo. Optamos por desafiar a lei, mas, de início, sem recorrer à violência; foi somente depois de uma nova legislação contra nossos métodos entrar em vigor e, mais tarde, de uma demonstração de força do governo para esmagar toda e qualquer oposição à sua política que decidimos responder à violência com violência.

Adotamos a violência, mas não o terrorismo. Nós, que fundamos o Umkhonto, éramos todos membros do Congresso Nacional Africano e tínhamos atrás de nós a tradição do CNA de não-violência e negociação como meios para resolver conflitos políticos. Acreditamos que a África do Sul pertence a todos os que aqui vivem, e não apenas a um grupo, seja ele negro ou branco. Não queríamos uma guerra inter-racial e fizemos tudo para evitá-la. [...]

Tenho que voltar a junho de 1961. O que cabia a nós, líderes do nosso povo, fazer? Deixar-nos intimidar por demonstrações de força e ameaças ou enfrentá-las? E, neste caso, como fazê-lo?

Não tínhamos a menor dúvida de que a luta devia prosseguir. Qualquer outra atitude nos parecia uma vergonhosa capitulação. Nosso problema não era saber se devíamos lutar ou não, mas como continuar a luta. No CNA, sempre defendemos uma democracia não-racial e nos opusemos a qualquer ação que pudesse aumentar ainda mais o fosso entre as raças. Mas a dura realidade era que cinqüenta anos de não-violência só trouxeram ao povo africano uma legislação cada vez mais repressiva e direitos cada vez limitados. Talvez seja difícil para este tribunal entender, mas a verdade é que já fazia tempo que o povo falava em violência — do dia em que iria lutar com o homem branco e recuperar seu país — e, no entanto, nós, os líderes do CNA, sempre o convencemos a evitar a violência e a usar métodos pacíficos. Aqueles entre nós que discutiram o assunto em maio e junho de 1961 foram obrigados a admitir que nossa política para chegar a um Estado não racial pela não-violência fracassara e que nossos seguidores começavam a perder a confiança nela e a considerar, de forma inquietante, a possibilidade de recorrer ao terrorismo. [...]

Por muitos anos procuramos evitar uma guerra civil, mas, quando decidimos adotar a violência como parte de nossa política, sabíamos que talvez fôssemos obrigados a lançar mão dela um dia. Tivemos de levá-la em conta ao fazer nossos planos. Precisávamos de um plano flexível, que nos permitisse agir de acordo com as necessidades de cada momento, mas que, acima de tudo, a considerasse como último e extremo recurso, deixando a decisão sobre essa questão para o futuro. Não queríamos nos envolver numa guerra civil, mas queríamos estar preparados caso ela se tornasse inevitável.

Podíamos escolher entre quatro táticas violentas: a sabotagem, a guerrilha, o terrorismo e a rebelião aberta. Optamos pela primeira, determinados a esgotar todas as suas possibilidades antes de tomar outra decisão.

Do ponto de vista de nossa formação política, era uma opção lógica. A sabotagem excluía a perda de vidas humanas e oferecia melhores perspectivas para o futuro das relações raciais. O ressentimento se reduziria ao mínimo e, se nossa política desse frutos, um governo democrático poderia se tornar realidade. [...]

Quantas Sharpevilles ainda seriam necessárias na história do nosso país? E quantas Sharpevilles o país ainda poderia suportar, sem trazer à ordem do dia a violência e o terror? E, uma vez ultrapassado esse limite, o que aconteceria com nosso povo? Estávamos certos de vencer, mas a que preço para nós e para o resto do país? E se isso acontecesse, como negros e brancos poderiam voltar a conviver em paz e harmonia? Esses eram os problemas com que nos confrontávamos e essas foram as decisões que tomamos.

Sabíamos por experiência que a rebelião daria ao governo todos os pretextos de que precisava para o massacre indiscriminado do nosso povo. Mas era justamente porque o solo da África do Sul estava encharcado com o sangue de africanos inocentes que nos sentíamos na obrigação de nos preparar, no longo prazo, para usar a força para nos defendermos da força. Se a guerra era inevitável, queríamos que a luta se desse nas condições mais favoráveis ao nosso povo. A tática mais viável para nós e que oferecia menos risco de perdas humanas para os dois lados era a guerrilha. Decidimos, então, nos preparar para o futuro, nos precavendo para a eventualidade de uma guerra de guerrilha. [...]

O credo ideológico do CNA é, e sempre foi, o nacionalismo africano, mas não o conceito de nacionalismo africano expresso no *slogan* "joguem o homem branco no mar". O nacionalismo africano defendido pelo CNA se baseia no conceito de liberdade e desenvolvimento para o povo africano em sua própria terra. O documento político mais importante aprovado pelo CNA é a "Carta da Liberdade", que não é, de forma alguma, um projeto de Estado socialista. Pede a redistribuição, e não a nacionalização das terras; prevê a nacionalização das minas, dos bancos e do monopólio industrial, porque os grandes monopólios pertencem a uma única raça, e sem essa nacionalização, a dominação racial continuaria, a despeito de todo poder político. Seria inútil revogar as proibições que a Lei do Ouro impõe aos africanos, se todas as minas continuarem pertencendo a companhias européias. Nesse aspecto, a política do CNA coincide com a antiga política do atual Partido Nacional que, durante muitos anos, incluiu em seu programa a nacionalização das minas de ouro, na época controladas pelo capital estrangeiro. De acordo com a Carta da Liberdade, a nacionalização se realizaria numa economia baseada na iniciativa privada. A aplicação prática da Carta ofereceria novas perspectivas a uma população africana próspera constituída por todas as classes, incluindo a classe média. Em nenhum momento de sua história, o CNA preconizou uma mudança revolucionária na estrutura econômica do país, e nunca, que eu me lembre, condenou a sociedade capitalista. [...]

O governo muitas vezes responde às críticas que lhe são feitas dizendo que os africanos da África do Sul vivem muito melhor do que os dos outros países do continente. Não sei se essa afirmação é verdadeira e duvido que se possa fazer qualquer comparação sem levar em conta o índice de custo de vida nesses países. Porém, mesmo que seja verdadeira, no que diz respeito ao povo africano, ela é irrelevante. Protestamos não porque somos pobres em comparação às pessoas dos outros países, mas porque somos pobres em relação à população branca do nosso próprio país e a legislação nos impede de corrigir esse desequilíbrio.

A falta de dignidade humana dos africanos é conseqüência direta da política de supremacia branca. Supremacia branca implica inferioridade negra. A legislação reforça essa idéia. Na África do Sul, as tarefas desprezíveis são sempre feitas pelos africanos. Quando o homem branco precisa carregar ou limpar alguma coisa procura um africano para fazer isso para ele, seja ou não seu empregado. Por causa desse tipo de atitude, os brancos tendem a considerar os africanos como uma raça à parte. Não os vêem como pessoas que têm sua própria família; não percebem que se emocionam — que se apaixonam como qualquer branco; que, assim como eles, querem estar com a mulher e os filhos; que querem ganhar o suficiente para sustentar a família, alimentá-la, vesti-la e mandar os filhos para a escola. E que trabalhador pode ter esperanças de fazer isso algum dia? [...]

Os africanos querem ganhar um salário decente. Os africanos querem fazer o trabalho que são capazes de fazer, e não o trabalho que o governo acha que são capazes de fazer. Os africanos querem morar nas cidades em que trabalham, e não ser excluídos de uma região por não terem nascido nela. Os africanos querem ter suas próprias terras nos lugares em que trabalham, e não ser obrigados a alugar casas que nunca serão suas. Os africanos querem se integrar ao conjunto da população, e não mais ser coagidos a viver em guetos. Os homens africanos querem que suas mulheres e seus filhos morem com eles perto do local onde trabalham, e não ser forçados a levar uma vida artificial nos alojamentos masculinos. As mulheres africanas querem estar ao lado dos seus maridos, e não continuar vivendo como viúvas nas Reservas. Os africanos querem ter o direito de sair depois das 23h, e não ser confinados em seus quartos como crianças pequenas. Os africanos querem ter o direito de viajar por seu próprio país e procurar trabalho onde bem entenderem, e não onde o Labour Bureau os mandar. Os africanos querem uma partilha justa da África do Sul; querem viver com segurança e ter seu lugar na sociedade.

Acima de tudo, queremos direitos políticos iguais, porque sem eles não podemos evoluir. Sei que isso parece revolucionário para os brancos deste país, porque a maioria dos eleitores será africana. É por isso que o homem branco teme a democracia.

Mas esse temor não pode se interpor no caminho da única solução que pode garantir a harmonia racial e a liberdade para todos. Não é verdade que o direito de voto para todos levará à dominação racial. A divisão política baseada na cor é totalmente artificial e quando ela desaparecer deixará de haver dominação de uma raça sobre a outra. O CNA passou meio século combatendo o racismo. Seu triunfo não mudará essa política. [...]

Discurso de Nelson Mandela na entrega do Prêmio Nobel da Paz

Gostaria de aproveitar esta oportunidade para cumprimentar meu compatriota e colega laureado, o presidente F. W. de Klerk, pela grande honra com que foi agraciado.

Viemos aqui nos juntar a dois ilustres sul-africanos, o chefe Albert Luthuli e o arcebispo Desmond Tutu, aos quais os senhores prestaram uma mais que merecida homenagem por sua frutífera colaboração na luta pacífica contra o perverso sistema do *apartheid*, concedendo-lhes o Prêmio Nobel da Paz.

Não creio que seja presunção de nossa parte acrescentar também, entre nossos predecessores, o nome de outro excepcional ganhador do Nobel da Paz, o reverendo Martin Luther King Jr.

Ele também lutou e morreu procurando encontrar uma solução justa para os mesmos grandes problemas que tivemos na África do Sul. Nós nos referimos ao desafio das dicotomias entre guerra e paz, violência e não-violência, racismo e dignidade humana, opressão e liberdade, repressão e direitos humanos, pobreza e liberdade de ação.

Eu aqui hoje não sou mais que um representante de milhões de pessoas que ousaram se insurgir contra um sistema social cuja verdadeira essência é a guerra, a violência, o racismo, a opressão, a repressão e o empobrecimento de todo um povo.

Também represento milhões de pessoas no mundo inteiro, o movimento *antiapartheid*, governos e organizações que se juntaram a nós, não para combater a África do Sul como país, mas para se opor a um sistema desumano e dar rápido fim ao crime contra a humanidade perpetrado pelo *apartheid*.

Esses incontáveis seres humanos, dentro e fora de nosso país, tiveram a nobreza de espírito de barrar o caminho da tirania e da injustiça, sem buscar com isso o menor proveito pessoal. Entenderam que a ferida de um indivíduo é de todos, e por isso agiram na defesa da justiça e do simples respeito humano.

Graças à sua coragem e determinação durante longos anos, podemos, hoje, até prever o dia em que a humanidade inteira se reunirá para celebrar uma das mais memoráveis vitórias humanas do nosso século.

Quando esse dia chegar, nos alegraremos, todos juntos, com nossa vitória comum sobre o racismo, o *apartheid* e a dominação da minoria branca.

Esse triunfo encerrará finalmente uma história de quinhentos anos de colonização africana que teve início com o império português.

Provará que um grande passo à frente foi dado na História e ilustrará a determinação comum dos povos no combate ao racismo, seja ele qual for e onde for.

No extremo austral do continente africano, os que sofreram em nome da humanidade inteira, sacrificando tudo pela liberdade, pela paz, pela dignidade humana e pelo desenvolvimento humano, estão prestes a receber uma recompensa incomparável, um presente inestimável.

Essa recompensa não se mede em dinheiro. Nem será avaliada em função do preço dos metais raros e das pedras preciosas da terra africana que pisamos na trilha de nossos antepassados.

Será e deverá ser avaliada em função da felicidade e do bem-estar das crianças, os cidadãos mais vulneráveis de qualquer sociedade e, ao mesmo tempo, nosso maior tesouro.

É preciso que as crianças possam, por fim, brincar livremente na estepe, sem serem torturadas pela fome, dizimadas pela doença e ameaçadas pelo flagelo da ignorância, da brutalidade e do abuso, ou obrigadas a se envolver em atos cuja gravidade ultrapassa sua compreensão.

Diante deste distinto público, exortamos a nova África do Sul a cumprir à risca as resoluções definidas na Declaração Mundial sobre a Sobrevivência, a Proteção e o Desenvolvimento das Crianças.*

A recompensa de que falamos também será e deverá ser avaliada em função da felicidade e do bem-estar das mães e dos pais dessas crianças, que devem poder viver em sua terra sem medo de serem espoliados, mortos por razões políticas ou materiais, injuriados porque reduzidos à mendicância.

Eles também devem ser aliviados do pesado fardo que é o desespero que carregam em seu coração, provocado pela fome, pela indigência e pelo desemprego.

---

* *Declaração dos Direitos da Criança*, aprovada por unanimidade pela Assembléia Geral das Nações Unidas em 20 de novembro de 1959, que estabelece dez direitos fundamentais, entre eles os mencionados por Nelson Mandela.

O valor dessa recompensa para todos os oprimidos será e deverá ser medido em função da felicidade e do bem-estar de todas as pessoas do nosso país que derrubarem os muros desumanos que as separam.

Essas grandes massas terão virado as costas ao grave insulto à dignidade humana que pretendia designar alguns como senhores e os demais como escravos e que fazia de cada indivíduo um predador cuja sobrevivência dependia da destruição do outro.

O valor da recompensa que todos partilharemos será e deverá ser medido em função da paz jubilosa que triunfará, porque a humanidade que une negros e brancos numa única raça humana dirá a cada um de nós que devemos viver como filhos do paraíso.

Assim viveremos, porque teremos criado uma sociedade em que todos nascemos iguais e todos teremos direito a uma parcela justa de vida, de liberdade, de prosperidade, de dignidade humana e de governo equânime.

Uma sociedade como essa nunca irá tolerar que haja de novo presos políticos, nem que os direitos humanos de qualquer pessoa sejam violados.

Da mesma forma, nunca mais deveria acontecer que os caminhos que levam a uma mudança pacífica fossem de novo bloqueados por usurpadores que procuram privar o povo de todo e qualquer poder para atingirem seus próprios e ignóbeis objetivos. [...]

Discurso de Nelson Mandela no dia de sua libertação

Grand Parade, Cidade do Cabo, 11 de fevereiro de 1990

Amigos, companheiros e compatriotas sul-africanos:

Eu os saúdo em nome da paz, da democracia e da liberdade para todos!

Estou aqui não como um profeta, mas como um humilde servidor do povo. Não fosse pelos incansáveis e heróicos sacrifícios que fizeram, eu nunca poderia estar hoje aqui com vocês. Coloco, pois, em suas mãos os anos de vida que me restam.

No dia da minha libertação, quero também expressar minha sincera e mais profunda gratidão aos milhões de compatriotas e a todos os que, nos quatro cantos do mundo, lutaram sem trégua pela minha libertação.

Hoje, a maioria dos sul-africanos, negros e brancos, admite que o *apartheid* não tem futuro. Devemos acabar com ele por uma decisiva ação de massas a fim de construir a paz e a segurança. A resistência coletiva e as outras ações da nossa organização e do nosso povo levarão inevitavelmente à instauração da democracia. O *apartheid* causou no subcontinente uma destruição incalculável. Muitos ficaram sem nenhuma estrutura familiar. Há milhões sem casa e sem emprego. A economia está em ruínas e nosso povo mergulhado no conflito político. Nossa opção pela luta armada em 1960, com a formação do braço armado do CNA, Umkhonto we Sizwe, foi uma ação meramente defensiva contra a violência do *apartheid*. Os fatores que levaram à luta armada continuam existindo. Não temos outra alternativa senão continuar com ela. Só nos resta esperar um clima favorável às negociações para que a luta armada deixe em breve de ser necessária.

Sou um membro leal e disciplinado do Congresso Nacional Africano. Estou, portanto, plenamente de acordo com seus objetivos, suas estratégias e táticas.

Unir os habitantes do nosso país continua sendo hoje uma tarefa tão importante e necessária como sempre foi. Nenhum dirigente, seja ele quem for, pode realizar essa imensa tarefa sozinho. Nós, os líderes políticos, temos de submeter nossas opiniões à nossa organização e deixar que a decisão seja tomada de forma democrática. É meu dever, nesse sentido, sublinhar que um dirigente do movimento é uma pessoa democraticamente eleita em um congresso nacional. Este é um princípio que deve ser observado, sem qualquer derrogação.

Hoje, quero informá-los de que o tema de minhas conversações com o governo foi a normalização da situação política no país. Ainda não começamos a discutir as reivindicações básicas de nossa luta. Também gostaria de salientar que eu, pessoalmente, em momento algum dei início a negociações sobre o futuro do nosso país, a não ser para insistir num encontro entre o CNA e o governo.

Mr. De Klerk foi mais longe do que qualquer outro presidente nacionalista, tomando medidas concretas no sentido de normalizar a situação. Porém, outras iniciativas,como as delineadas na Declaração de Harare, deverão ser implementadas antes que as negociações sobre as reivindicações básicas do nosso povo possam ter início. Reitero aqui nosso apelo para, *inter alia*, a imediata suspensão do estado de emergência e para a libertação de todos os presos políticos — e não apenas de alguns. Só uma situação normalizada que garanta a livre atividade política pode nos permitir consultar nosso povo para dele obter um mandato.

O povo tem de ser consultado para decidir quem vai negociar e o que será negociado. Nenhuma negociação deve acontecer sem seu parecer. O futuro do país só pode ser decidido por um corpo democraticamente eleito numa base não racial. As negociações sobre o fim do *apartheid* deverão levar em consideração o desejo irreprimível do nosso povo por uma África do Sul democrática, não racial e unitária. É preciso acabar com o monopólio branco do poder político e preparar uma reestruturação dos sistemas político e econômico, para garantir que as desigualdades criadas pelo *apartheid* sejam eliminadas e que o processo de democratização de nossa sociedade se complete.

É importante ressaltar que Mr. De Klerk é um homem íntegro, que tem aguda consciência dos perigos a que se exporia uma personalidade pública que não honrasse seus compromissos. Mas nós, como organização, baseamos nossa política e nossa estratégia na dura realidade que enfrentamos. E a realidade é que continuamos sendo lesados pela política do governo nacionalista.

Nossa luta chegou a um momento decisivo. Exortamos nosso povo a aproveitar esse momento, para que o processo que leva à democracia seja rápido e ininterrupto.

Esperamos pela liberdade há muito tempo. Não podemos esperar mais. Essa é a hora de intensificar a luta em todas as frentes. Esmorecer agora seria cometer um erro que as gerações futuras não perdoariam. A liberdade que se desenha no horizonte deve nos encorajar a redobrar nossos esforços.

Só uma ação de massas organizada pode garantir nossa vitória. Exortamos nossos compatriotas brancos a se juntarem a nós na construção de uma nova África do Sul — no movimento pela liberdade vocês também têm seu lugar. Exortamos a comunidade internacional a prosseguir sua campanha para isolar o regime do *apartheid*. Suspender as sanções agora seria correr o risco de abortar o processo que levará à completa erradicação do *apartheid*.

Nossa marcha para a liberdade é irreversível. Não podemos permitir que o medo atravesse nosso caminho. O sufrágio universal baseado na participação comum de todos os eleitores numa África do Sul unificada, democrática e não racial é o único caminho para a paz e a harmonia racial.

Para concluir, gostaria de repetir as palavras que eu disse no meu julgamento, em 1964. Elas são tão verdadeiras hoje como eram naquela época:

"Lutei contra a dominação branca e lutei contra a dominação negra. Acalento o ideal de uma sociedade democrática e livre em que todas as pessoas possam viver juntas, em harmonia e com oportunidades iguais. É um ideal pelo qual espero viver. Mas é um ideal pelo qual estou disposto a morrer se for preciso."

OUTROS TÍTULOS DA MUNDO EDITORIAL

Ana-Não
de Agustín Gómez-Arcos

O lado frio do travesseiro
de Belén Gopegui

O sorriso do futebol - Ronaldinho, o último romântico
de Luca Caioli

Próximo lançamento

Os girassóis cegos
de Alberto Méndez